BOILEAU

ART

POÉTIQUE

HACHETTE ET Cᵗᵉ

ART POÉTIQUE

DE

BOILEAU

PARIS. — IMPRIMERIE ÉMILE MARTINET, RUE MIGNON, 2

BOILEAU

ART POÉTIQUE

PUBLIÉ AVEC DES NOTES

PAR É. GERUZEZ

Ancien professeur à la Faculté des lettres de Paris

PARIS

LIBRAIRIE HACHETTE ET Cⁱᵉ

79, BOULEVARD SAINT-GERMAIN, 79

1881

L'ART POÉTIQUE[1]

CHANT PREMIER[2]

(1669-74. — 35-38).

C'est en vain qu'au Parnasse un téméraire auteur
Pense de l'art des vers atteindre la hauteur :

1. Voltaire a jugé l'*Art poétique* de Boileau avec la compétence d'un disciple et d'un maître. Nous n'avons rien de mieux à faire que de reproduire ce qu'il en a dit : « L'*Art poétique* est admirable, parce qu'il dit toujours agréablement des choses vraies et utiles, parce qu'il donne toujours le précepte et l'exemple, parce qu'il est varié, parce que l'auteur, en ne manquant jamais à la pureté de la langue,

> Sait d'une voix légère,
> Passer du grave au doux, du plaisant au sévère.

Ce qui prouve son mérite chez tous les gens de goût, c'est qu'on sait ses vers par cœur ; et ce qui doit plaire aux philosophes, c'est qu'il a presque toujours raison.

« Puisque nous avons parlé de la préférence qu'on peut donner quelquefois aux modernes sur les anciens, on oserait présumer ici que l'*Art poétique* de Boileau est supérieur à celui d'Horace. La méthode est certainement une beauté dans un poëme didactique ; Horace n'en a point. Nous ne lui en faisons pas un reproche, puisque son poëme est une épître familière aux Pisons, et non pas un ouvrage régulier comme les *Géorgiques;* mais c'est un mérite de plus dans Boileau, mérite dont les philosophes doivent lui tenir compte. »

« L'*Art poétique* latin ne paraît pas, à beaucoup près, si travaillé que le français. Horace y parle presque toujours sur le ton libre et familier de ses autres épîtres. C'est une extrême justesse dans l'esprit, c'est un goût fin, ce sont des vers heureux et pleins de sel, mais souvent sans liaison, quelquefois destitués d'harmonie ; ce n'est pas l'élégance et la correction de Virgile. L'ouvrage est très-bon, celui de Boileau paraît encore meilleur ; et si vous en exceptez les tragédies de Racine, qui ont le mérite supérieur de traiter les passions et de surmonter toutes les difficultés du théâtre, l'*Art poétique* de Despréaux est sans contredit le poëme qui fait le plus d'honneur à la langue française. »

2. Le chant premier contient les préceptes généraux relatifs à la

1

S'il ne sent point du ciel l'influence secrète,
Si son astre en naissant ne l'a formé poëte,
Dans son génie étroit il est toujours captif ;   5
Pour lui Phébus est sourd et Pégase est rétif[1].
  O vous donc qui, brûlant d'une ardeur périlleuse,
Courez du bel esprit la carrière épineuse[2],
N'allez pas sur des vers sans fruit vous consumer,   10
Ni prendre pour génie un amour de rimer :
Craignez d'un vain plaisir les trompeuses amorces[3],
Et consultez longtemps votre esprit et vos forces[4].
  La nature, fertile en esprits excellents,
Sait entre les auteurs partager les talents[5].
L'un peut tracer en vers une amoureuse flamme,   15
L'autre d'un trait plaisant aiguiser l'épigramme.
Malherbe d'un héros peut vanter les exploits[6],
Racan chanter Philis, les bergers et les bois[7].

vocation poétique, à la composition, à l'élocution et à la critique.
L'énumération et la description des genres littéraires auront place
dans les deux chants qui suivent.

1. L'habitude de réciter les vers de ce début fait illusion sur ses
imperfections. Ainsi, on ne remarque pas que dans les deux premiers
vers la figure est vicieuse. Le *Parnasse* étant une montagne, on pense
à sa cime, qu'il est difficile de gravir, et non à la hauteur de l'art
des vers, qui est une figure intellectuelle, déplacée en regard d'une
image physique comme celle du Parnasse, montagne de la Thessalie.
Dans le dernier distique, on ne voit pas comment le poëte *captif*,
c'est-à-dire enfermé, *dans son génie étroit*, pourrait en sortir pour
éprouver si Pégase lui est *rétif*. Le langage figuré s'adresse à l'imagination, et puisqu'il l'éveille, il doit la satisfaire.

2. *La carrière du bel esprit* est la carrière des lettres. Ce mot
n'avait pas encore l'acception presque défavorable que lui a donnée
l'abus qu'on en a fait en le prodiguant à des écrivains médiocres et
maniérés.

3. *Trompeuses amorces* fait penser au mot si judicieux d'Horace :

          Hæ nugæ seria ducent
In mala derisum semel exceptumque sinistre.

En effet, lorsqu'on a composé de méchants vers, on n'en est pas
quitte pour ne pas réussir, on devient ridicule.

4. Horace, *Art poétique*, vers 39 :

          Et versate diu quid ferre recusent,
Quid valeant humeri.

5. Il en est de même parmi les animaux, suivant la Fontaine :

          Tout animal n'a pas toute propriété.

6. Les odes héroïques de Malherbe ont rang parmi les meilleures
pièces lyriques de la langue.

7. Cet éloge convient mieux au génie de Racan que les vers de la
satire ix, où Boileau en fait presque un rival d'Homère :

          Sur un ton si hardi, sans être téméraire,
Racan pourrait chanter à défaut d'un Homère.

Mais souvent un esprit qui se flatte et qui s'aime
Méconnaît son génie, et s'ignore soi-même :   20
Ainsi tel autrefois qu'on vit avec Faret[1]
Charbonner de ses vers les murs d'un cabaret[2],
S'en va mal à propos d'une voix insolente
Chanter du peuple hébreu la fuite triomphante,
Et, poursuivant Moïse au travers des déserts,   25
Court avec Pharaon se noyer dans les mers[3].

   Quelque sujet qu'on traite, ou plaisant, ou sublime,
Que toujours le bon sens s'accorde avec la rime ;
L'un l'autre vainement ils semblent se haïr :
La rime est une esclave, et ne doit qu'obéir.   30
Lorsque à la bien chercher d'abord on s'évertue,
L'esprit à la trouver aisément s'habitue,
Au joug de la raison sans peine elle fléchit,
Et loin de la gêner, la sert et l'enrichit.
Mais, lorsqu'on la néglige, elle devient rebelle,   35
Et pour la rattraper le sens court après elle[4].

1. Faret, auteur de *l'Honnête homme, ou l'Art de plaire à la cour*,
et de quelques autres ouvrages d'histoire et de morale, doit à sa liaison avec Saint-Amant et à la désinence de son nom, qui rime si richement à *cabaret*, un renom d'ivrognerie qu'il n'a pas mérité. Secrétaire du comte d'Harcourt, estimé de Richelieu, il fut un des membres
fondateurs de l'Académie, et prit part à la rédaction des statuts
de l'Académie. Il n'en reste pas moins sous le coup de ces vers
de Boileau et de cette stance de Saint-Amant, où son nom est
accouplé de la même sorte :

    O bon ivrogne ! ô cher Faret !
    Qu'avec raison tu la (*la ville d'Evreux*) méprises !
    On y voit plus de cent églises,
    Et pas un pauvre cabaret.

2. Martial, livre XII, épigramme LXI :

    Nigri fornicis ebrium poetam
    Qui carbone rudi putrique creta
    Scribit carmina.

3. Ces vers s'appliquent à Saint-Amant, qui, après avoir réussi
dans le genre bachique par des vers pleins de verve, échoua lorsqu'il
eut l'ambition d'écrire son idylle héroïque de *Moïse sauvé*. Voir, sur
ce poëte, p. 20, note 3.

4. Ces douze vers sur la rime sont richement rimés et fortement
pensés. On y voit la rime dans son vrai rôle d'*esclave* docile ; mais
trop souvent c'est une esclave rebelle, qui domine le poëte, loin de
lui obéir. Lorsque les versificateurs cèdent à la rime, et que cette
faiblesse est sensible, il n'y a rien de plus fastidieux que notre vers
français. C'est de tous les métiers le plus facile et le plus méprisa-
ble. Quoi qu'il en soit, « la rime, dit fort bien Marmontel, est
un plaisir pour l'esprit, par la surprise qu'elle cause, et lorsque la
difficulté, heureusement vaincue, n'a fait que donner plus de saillie et
de vivacité, plus de grâce ou d'énergie à l'expression et à la pensée. »
D'ailleurs, comme dit Voltaire, épître à Horace :

    La rime est nécessaire à nos jargons nouveaux,

Aimez donc la raison : que toujours vos écrits
Empruntent d'elle seule et leur lustre et leur prix [1].
   La plupart, emportés d'une fougue insensée,
Toujours loin du droit sens vont chercher leur pensée :   40
Ils croiraient s'abaisser dans leurs vers monstrueux,
S'ils pensaient ce qu'un autre a pu penser comme eux [2].
Évitons ces excès : laissons à l'Italie
De tous ces faux brillants l'éclatante folie [3].
Tout doit tendre au bon sens : mais, pour y parvenir,   45
Le chemin est glissant et pénible à tenir :
Pour peu qu'on s'en écarte, aussitôt on se noie.
La raison pour marcher n'a souvent qu'une voie.
   Un auteur quelquefois trop plein de son objet
Jamais sans l'épuiser n'abandonne un sujet [4].   50
S'il rencontre un palais, il m'en dépeint la face [5] ;
Il me promène après de terrasse en terrasse ;
Ici s'offre un perron ; là règne un corridor ;
Là ce balcon s'enferme en un balustre d'or.
Il compte des plafonds les ronds et les ovales :   55
« Ce ne sont que festons, ce ne sont qu'astragales [6]. »

> Enfants demi-polis des Normands et des Goths.
> Elle flatte l'oreille : et souvent la césure
> Plaît, je ne sais comment, en rompant la mesure.

1. Après ce qui précède, on attendrait une autre conclusion, qui serait : ne négligez pas la rime, et ne vous laissez pas tyranniser par cette esclave. Il est bien de louer la raison ; il faut aussi suivre un raisonnement.

2. Marie-Joseph Chénier a réduit en conseil cette critique :

> Ne vous tourmentez point du scrupule insensé
> De ne penser jamais ce qu'un autre a pensé.

3. Le bon sens de Boileau protestait contre l'influence de l'Italie, dont les poëtes cherchent l'effet par des traits plus brillants que solides, aiguisant et raffinant leur pensée, et jouant avec les notes musicales de leur langue. Le germe de ces défauts existe chez leurs meilleurs poëtes, Dante excepté, et ils étaient devenus insupportables chez les Guarini et les Marini, qui faisaient école en France.

4. *Quelquefois* et *jamais*, ainsi rapprochés, semblent se contredire, et forment un sens louche. Quant aux rimes *objet* et *sujet*, si riches qu'elles soient, elles ne sont pas régulières, les deux mots étant formés dans leur finale de la même racine. De plus, tous deux sont pris dans le même sens, et de telle sorte, qu'on pourrait sans inconvénient les transposer.

5. Ce vers et les suivants s'appliquent au palais magique décrit dans le troisième chant de l'*Alaric* de Scudéry. Cette description, où les détails heureux ne manquent pas, se compose au moins de trois cents vers.

6. Voici les vers de Scudéry. On n'y trouve point d'*astragales* :

> Ce ne sont que festons, ce ne sont que couronnes,
> Roses et chapiteaux, ...lustres et colonnes.

Je saute vingt feuillets pour en trouver la fin,
Et je me sauve à peine au travers du jardin[1].
Fuyez de ces auteurs l'abondance stérile,
Et ne vous chargez point d'un détail inutile.　60
Tout ce qu'on dit de trop est fade et rebutant:
L'esprit rassasié le rejette à l'instant[2].
Qui ne sait se borner ne sut jamais écrire[3].

Souvent la peur d'un mal nous conduit dans un pire :
Un vers était trop faible, et vous le rendez dur ;　65
J'évite d'être long, et je deviens obscur;
L'un n'est point trop fardé, mais sa muse est trop nue;
L'autre a peur de ramper, il se perd dans la nue[4].

Voulez-vous du public mériter les amours,
Sans cesse en écrivant variez vos discours.　70
Un style trop égal et toujours uniforme
En vain brille à nos yeux, il faut qu'il nous endorme.
On lit peu ces auteurs nés pour nous ennuyer,
Qui toujours sur un ton semblent psalmodier[5].

Heureux qui, dans ses vers, sait d'une voix légère　75
Passer du grave au doux, du plaisant au sévère[6] !
Son livre, aimé du ciel, et chéri des lecteurs,

1. Pour réhabiliter un peu ce palais si décrié, il convient d'en citer quelques vers, tirés de la description de l'escalier :

> D'un marbre blanc et pur cent nymphes bien rangées,
> De grands paniers de fleurs sur leurs têtes chargees,
> Où l'art et la nature ont mis leurs ornements,
> Semblent vouloir monter aux beaux appartements ;
> Leur main gauche soutient ces paniers magnifiques,
> Leur droite tient les plis de leurs robes antiques,
> Et l'art a fait changer, par ses nobles efforts,
> Les veines de ce marbre aux veines de leurs corps.

2. Horace, *Art poétique*, vers 337 :

> Omne supervacuum pleno de pectore manat.

3. Voltaire complète cette pensée par un vers analogue, et qui a eu, comme celui de Boileau, le privilége de devenir proverbe en naissant, discours VI, vers 171 :

> Le secret d'ennuyer est celui de tout dire.

4. Tous ces vers sont imités de l'*Art poétique* d'Horace :

> In vitium ducit culpæ fuga, si caret arte. (Vers 31).
> 　　Brevis esse laboro,
> Obscurus fio ; sectantem lævia, nervi
> Deficiunt animique ; professus grandia turget ;
> Serpit humi, tutus nimium timidusque procellæ. (Vers 28).
> Aut dum vitat humum, nubes et inania captat. (Vers 280).

5. Le chant des psaumes ou psalmodie est sur un seul ton.
6. Horace, *Art poétique*, vers 343 :

> Omne tulit punctum qui miscuit utile dulci.

Est souvent chez Barbin entouré d'acheteurs[1].

Quoi que vous écriviez, évitez la bassesse :
Le style le moins noble a pourtant sa noblesse. 80
Au mépris du bon sens, le burlesque effronté[2]
Trompa les yeux d'abord, plut par sa nouveauté;
On ne vit plus en vers que pointes triviales,
Le Parnasse parla le langage des halles ;
La licence à rimer alors n'eut plus de frein; 85
Apollon travesti devint un Tabarin[3].
Cette contagion infecta les provinces,
Du clerc et du bourgeois passa jusques aux princes ;
Le plus mauvais plaisant eut ses approbateurs
Et, jusqu'à d'Assouci, tout trouva des lecteurs[4]. 90
Mais de ce style enfin la cour désabusée
Dédaigna de ces vers l'extravagance aisée,
Distingua le naïf du plat et du bouffon
Et laissa la province admirer le Typhon[5].
Que ce style jamais ne souille votre ouvrage : 95

1. Horace, *Art poétique*, vers 345 :

> Hic meret æra liber Sosiis.

2. Boileau a poursuivi le burlesque à outrance. Il le détestait si cordialement, qu'il lui est arrivé deux fois, devant Louis XIV et madame de Maintenon, de maugréer contre *ce misérable Scarron.* Cependant Scarron n'était pas si misérable : il a su traiter le burlesque avec esprit et finesse. Plusieurs traits du *Virgile travesti* sont d'un excellent comique, et quelques-uns sont des critiques justes et plaisantes du modèle. Mais comme ce travestissement, si ingénieux qu'il soit, est une atteinte réelle à la dignité du modèle, que le souvenir qu'il laisse corrompt toujours l'impression morale du beau sur les esprits, Boileau l'a toujours considéré comme un attentat littéraire, et presque comme un sacrilège.

3. Tabarin, auteur de quolibets et de farces qu'on a recueillis, et vendeur d'orviétan, avait ses tréteaux sur le pont Neuf.

4. *Tout trouva* est dur, et le paraissait surtout à d'Assoucy, qui ne put le digérer. Ce méchant auteur, homme de mauvaises mœurs, avait quelque talent pour la musique, et passait pour un compagnon assez agréable. Molière, pendant ses courses à travers la province, l'hébergea assez longtemps. Chapelle et Bachaumont le rencontrèrent dans leur voyage à Montpellier, fort en peine des suites d'une mauvaise affaire. Avant de recevoir les coups de la férule de Boileau, d'Assoucy avait eu à essuyer les brutales apostrophes de Cyrano de Bergerac. On l'appelait le singe de Scarron. Au reste, ce misérable auteur avait bien mérité toutes les avanies qu'il eut à subir.

5. Le *Typhon ou la Gigantomachie* est le début de Scarron dans le genre burlesque. Boileau avouait que les premiers vers de ce poëme sont assez plaisants. Le Parisien Boileau aime à railler les goûts de la province. C'est dans le même esprit qu'il dira, au cinquième chant du *Lutrin*, vers 162 :

> ...La Pharsale aux provinces si chère.

Imitons de Marot l'élégant badinage,
Et laissons le burlesque aux plaisants du pont Neuf.
   Mais n'allez point aussi, sur les pas de Brébeuf[1],
Même en une Pharsale, entasser sur les rives
« De morts et de mourants cent montagnes plaintives[2]. » 100
Prenez mieux votre ton. Soyez simple avec art,
Sublime sans orgueil, agréable sans fard.
   N'offrez rien au lecteur que ce qui peut lui plaire.
Ayez pour la cadence une oreille sévère :
Que toujours dans vos vers le sens, coupant les mots,   105
Suspende l'hémistiche, en marque le repos.
Gardez qu'une voyelle à courir trop hâtée
Ne soit d'une voyelle en son chemin heurtée[3].
   Il est un heureux choix de mots harmonieux.
Fuyez des mauvais sons le concours odieux :   110
Le vers le mieux rempli, la plus noble pensée,
Ne peut plaire à l'esprit quand l'oreille est blessée[4].

---

1. Brébeuf ne mérite pas toute cette colère de Boileau; s'il y a des excès d'enflure dans sa traduction de la *Pharsale*, on peut dire qu'il les a expiés par l'élévation et la pureté de quelques-unes de ses poésies chrétiennes. On ignore généralement que Brébeuf, cédant à la contagion qui régnait, essaya de travestir Lucain avant de le traduire. On a dit qu'il avait eu l'intention de traduire Virgile pendant que Segrais avait des vues sur Lucain, et qu'un échange à l'amiable se fit entre les deux poëtes. Ce n'est pas Lucain qui a été le plus maltraité.

2. Lucain s'était contenté de dire : *Tot corpora fusa;* et Brébeuf, sur ce texte, écrit ces deux vers :

De mourants et de morts cent montagnes plaintiv
D'un sang impétueux cent vagues fugitives.

Avouons que dans l'intervalle Corneille avait dit :

Des montagnes de morts, des rivières de sang,

et que Corneille imitait l'historien latin Aurélius Victor : « Stabant cadaverum acervi, montium similes; fluebat cruor fluminum modo. » Il faut faire la part de chacun dans ce délit poétique.

3. Tous ces vers sont des modèles de précision didactique et d'harmonie imitative. Regnier avait auparavant traité fort lestement ces scrupules et ces règles étroites que Malherbe imposait de son temps. Il disait, satire IX, vers 55 :

Leur savoir ne s'étend seulement
Qu'à regratter un mot douteux au jugement,
Prendre garde qu'un *qui* ne heurte une diphthongue,
Espier si des vers la rime est brève ou longue,
Ou bien si la voyelle à l'autre s'unissant
Ne rend point à l'oreille un son trop languissant.

4. Cicéron, dont la prose harmonieuse caresse si agréablement l'oreille, fait la même remarque dans l'*Orator :* « Quamvis enim suaves gravesque sententiæ, tamen, si inconditis verbis efferuntur, offendunt aures, quarum judicium superbissimum. »

Durant les premiers ans du Parnasse françois,
Le caprice tout seul faisait toutes les lois[1].
La rime, au bout des mots, assemblés sans mesure,   115
Tenait lieu d'ornements, de nombre et de césure[2].
Villon sut le premier, dans ces siècles grossiers,
Débrouiller l'art confus de nos vieux romanciers[3].
Marot bientôt après fit fleurir les ballades,
Tourna des triolets, rima des mascarades,   120
A des refrains réglés asservit les rondeaux,
Et montra pour rimer des chemins tout nouveaux[4].
Ronsard, qui le suivit, par une autre méthode,
Réglant tout, brouilla tout, fit un art à sa mode,
Et toutefois longtemps eut un heureux destin.   125
Mais sa muse, en français parlant grec et latin,
Vit dans l'âge suivant, par un retour grotesque,
Tomber de ses grands mots le faste pédantesque[5].

1. Du temps de Boileau, la finale de *françois* et de *lois* rendait encore un son identique.

2. Cette critique ne saurait atteindre que les longs poëmes narratifs et monorimes des trouvères : encore est-elle excessive ; car s'il est vrai qu'on trouve peu d'*ornements* et point de *nombre* dans ces ébauches épiques, il est faux qu'il n'y ait point de *césure*. Cette règle est partout fidèlement observée, soit dans les vers de dix syllabes, soit dans les alexandrins, et la césure partout sensible est déjà à la place que nos poëtes lui ont gardée; seulement à cette place une syllabe muette n'a pas besoin d'être élidée pour ne pas compter.

3. Boileau entend par romanciers les écrivains de la langue romane d'oïl, et non les auteurs de romans ou de romances. Ces deux mots qui ont la même étymologie, ont gardé une acception restreinte, et désignent deux genres spéciaux. On sait ce qu'on entend aujourd'hui par *roman* et par *romance*. — Quant à Villon, il n'a rien débrouillé ; l'on ne lui doit aucun progrès de forme. Son mérite est d'avoir été poëte, c'est-à-dire d'avoir consacré quelques sentiments vrais par des expressions vives et saillantes.

4. Il est faux que Marot ait trouvé pour rimer des *chemins tout nouveaux;* il n'a point innové. La *ballade* florissait avant lui, ainsi que le *triolet,* la *mascarade* et le *rondeau.* Même il n'a fait ni triolet, ni mascarade. Une seule de ses quinze ballades, celle du frère Lubin, est un chef-d'œuvre. Marot a excellé dans l'épître badine, le madrigal, l'épigramme et le coq-à-l'âne, dont Boileau ne parle pas. Voilà bien des inexactitudes en peu de vers.

5. Boileau constate le triomphe et la chute de Ronsard, qu'il exécute plutôt qu'il ne le juge. Ronsard enivra d'abord ses contemporains et s'égara de plus en plus sur la foi de leur admiration. Il a été trop loué et trop dénigré. C'était, comme l'a dit Balzac, « le commencement d'un poëte. » Il en a eu l'enthousiasme et non le goût. S'il a échoué complétement dans l'épopée et l'ode pindarique, il faut reconnaître aussi qu'il a rencontré par intervalles la vraie noblesse du langage poétique dans quelques passages du *Bocage royal,* des *Hymnes* et des *Discours sur les misères du temps.* M. Sainte-Beuve, qui, de nos jours,

Ce poëte orgueilleux, trébuché de si haut,
Rendit plus retenus Desportes et Bertaut[1].   130
      Enfin Malherbe vint, et, le premier en France[2],
Fit sentir dans les vers une juste cadence,
D'un mot mis en sa place enseigna le pouvoir
Et réduisit la muse aux règles du devoir.
Par ce sage écrivain la langue réparée   135
N'offrit plus rien de rude à l'oreille épurée[3] ;
Les stances avec grâce apprirent à tomber
Et le vers sur le vers n'osa plus enjamber.
Tout reconnut ses lois, et ce guide fidèle
Aux auteurs de ce temps sert encor de modèle.   140
Marchez donc sur ses pas; aimez sa pureté
Et de son tour heureux imitez la clarté.
Si le sens de vos vers tarde à se faire entendre,

a revisé ce grand procès, a tout au moins prouvé, pièces en main,
que dans le sonnet et dans les pièces anacréontiques Ronsard garde
un rang élevé. Malherbe, qui a si heureusement profité des efforts de
Ronsard, aurait dû blâmer moins rudement les écarts de ce poëte,
martyr de la cause dont il reste le héros.

1. Desportes (1552-1611) et Bertaut (1546-1606), tous deux disciples
et admirateurs de Ronsard, doivent leur *retenue* à leur tempérament
poétique, et non au *trébuchement* de Ronsard, qui a suivi la composition de leurs ouvrages. Desportes fut le poëte favori de Henri III et
de l'amiral de Joyeuse. Il reçut, pour prix d'un seul sonnet, dix mille
écus. Balzac attribue à cette libéralité imprudente le déluge de sonnets
qui inondèrent alors la France. Desportes eut aussi les riches abbayes
de Tiron et de Bon-Port. Supérieur dans le genre galant et badin, il a
échoué dans la poésie sacrée. Le duc de Guise fredonnait une de ses
chansons lorsqu'il fut assassiné au château de Blois. — Bertaut fut
aumônier de Marie de Médicis et évêque de Séez. Il est surtout re-
marquable par l'harmonie et le ton soutenu de sa versification.

2. Cet éloge de Malherbe est d'un ton presque lyrique. Il est digne
du réformateur de la poésie et du législateur du Parnasse. Boileau
continue Malherbe, et il est juste qu'il le célèbre. D'ailleurs, tous
les traits de cette peinture sont parfaitement exacts. Malherbe a tous
les mérites dont Boileau le loue. La juste cadence, la place des mots, les
règles du devoir, le tour heureux et la clarté, tout cela revient de
droit à Malherbe. Mais ce poëte, sobre et vigoureux, plus grammai-
rien que poëte, laisse souvent désirer des images plus vives, plus de
richesse dans l'expression, plus de variété dans les tours, plus d'en-
train poétique et d'inspiration. Tel qu'il est, c'est encore un modèle et
un maître.

3. L'harmonie de ces deux vers charme l'oreille, et la charme si
bien, qu'on ne remarque pas la hardiesse de la métaphore qui *épure*
l'oreille. Horace avait parlé de l'oreille épurée, mais sans métaphore,
livre I, épître i, vers 7 :

      Est mihi *purgatam* crebro qui personet aurem.

Et de l'oreille *non épurée*, livre I, épître ii, vers 53 :

      Auriculæ collecta sorde dolentes.

Mon esprit aussitôt commence à se détendre,
Et, de vos vains discours prompt à se détacher,   145
Ne suit point un auteur qu'il faut toujours chercher.
     Il est certains esprits dont les sombres pensées
Sont d'un nuage épais toujours embarrassées;
Le jour de la raison ne le saurait percer.
Avant donc que d'écrire, apprenez à penser[1].   150
Selon que notre idée est plus ou moins obscure,
L'expression la suit, ou moins nette, ou plus pure[2].
Ce que l'on conçoit bien s'énonce clairement
Et les mots pour le dire arrivent aisément[3].
     Surtout qu'en vos écrits la langue révérée   155
Dans vos plus grands excès vous soit toujours sacrée.
En vain vous me frappez d'un son mélodieux,
Si le terme est impropre, ou le tour vicieux,
Mon esprit n'admet point un pompeux barbarisme,
Ni d'un vers ampoulé l'orgueilleux solécisme[4].   160
Sans la langue, en un mot, l'auteur le plus divin
Est toujours, quoi qu'il fasse, un méchant écrivain[5].

1. On n'apprend pas à penser, mais il faut savoir penser avant d'écrire. Horace dit plus et mieux que Boileau dans ce vers excellent :

     Scribendi recte sapere est et principium et fons.

Le mot *sapere* est pris ici dans toute l'étendue de son sens philosophique; il signifie le discernement du vrai et du faux, du beau et de son contraire; *sapere* désigne donc la raison et le goût, qui sont bien le principe et la source du *bien écrire*, inséparable du *bien penser*.

2. Horace, *Art poétique*, vers 40 :

     Cui lecta potenter erit res,
   Non facundia deseret hunc.

3. Horace, *Art poétique*, vers 311 :

     Verbaque provisam rem non invita sequentur.

4. On sait, par expérience, dans nos classes, l'existence du barbarisme et du solécisme, et quel genre d'atteinte l'un ou l'autre de ces deux monstres de grammaire porte à la pureté du langage : le premier offense le vocabulaire, le second la syntaxe.

5. La contradiction qu'on a cru remarquer dans ces deux vers serait réelle, puisqu'on ne peut pas être, au sens propre, tout ensemble un *auteur divin* et un *méchant écrivain*, s'il n'y avait pas là quelque allusion satirique. Boileau attaque ici indirectement Desmaretz de Saint-Sorlin, auteur du *Clovis*, poëme fort mal écrit et *divin*, en ce sens que ce poëte visionnaire s'imaginait en avoir écrit les derniers chants sous la dictée de Dieu même. Le vers qui suit : *Travaillez à loisir, quelque ordre qui vous presse*, étant une allusion à Scudéry, qui disait toujours, pour excuser sa précipitation : « J'ai ordre de finir, » on saisit facilement l'enchaînement des idées, puisque rien n'est plus naturel que de passer de Desmaretz à Scudéry.

Travaillez à loisir, quelque ordre qui vous presse,
Et ne vous piquez point d'une folle vitesse :
Un style si rapide, et qui court en rimant,   165
Marque moins trop d'esprit que peu de jugement.
J'aime mieux un ruisseau qui, sur la molle arène,
Dans un pré plein de fleurs lentement se promène,
Qu'un torrent débordé qui, d'un cours orageux,
Roule, plein de gravier, sur un terrain fangeux[1].   170
Hâtez-vous lentement[2]; et sans perdre courage,
Vingt fois sur le métier remettez votre ouvrage;
Polissez-le sans cesse et le repolissez;
Ajoutez quelquefois, et souvent effacez[3].
  C'est peu qu'en un ouvrage où les fautes fourmillent   175
Des traits d'esprits semés de temps en temps pétillent[4] :
Il faut que chaque chose y soit mise en son lieu;
Que le début, la fin, répondent au milieu[5];
Que d'un art délicat les pièces assorties
N'y forment qu'un seul tout de diverses parties[6];   180
Que jamais du sujet le discours s'écartant

1. Cette belle image est indiquée dans le vers d'Horace, livre I, satire IV, vers 11, parlant de Lucilius :

  Quum flueret lutulentus, erat quod tollere velles.

2. Horace :

  Festina lente.

3. Horace, *Art poétique*, vers 291 :

                    Vos, o
  Pompilius sanguis, carmen reprehendite quod
  Multa dies et multa litura coercuit, atque
  Præsectum decies non castigavit ad unguem.

4. Horace, livre II, épître I, vers 73 :

  Inter quæ verbum emicuit si forte decorum, et
  Si versus paulo concinnior unus et alter;
  Injuste totum ducit venditque poema.

5. Horace, *Art poétique*, vers 152 :

  Primo ne medium, medio ne discrepet imum.

6. Horace, *Art poétique*, vers 23 :

  Denique sit quodvis simplex duntaxat et unum.

« Ce précepte d'ensemble dans le tout et de proportion dans les parties,
dit M. Andrieux, est fondé sur la raison, et enseigné par tous les
maîtres de l'art. Il s'applique à tous les ouvrages, de quelque genre
qu'ils soient. »

N'aille chercher trop loin quelque mot éclatant[1].
   Craignez-vous pour vos vers la censure publique,
Soyez vous à vous-même un sévère critique[2] :
L'ignorance toujours est prête à s'admirer.   185
   Faites-vous des amis prompts à vous censurer;
Qu'ils soient de vos écrits les confidents sincères
Et de tous vos défauts les zélés adversaires :
Dépouillez devant eux l'arrogance d'auteur.
Mais sachez de l'ami discerner le flatteur[3] :   190
Tel vous semble applaudir qui vous raille et vous joue.
Aimez qu'on vous conseille, et non pas qu'on vous loue[4].
   Un flatteur aussitôt cherche à se récrier :
Chaque vers qu'il entend le fait extasier.
Tout est charmant, divin; aucun mot ne le blesse;   195
Il trépigne de joie, il pleure de tendresse[5];
Il vous comble partout d'éloges fastueux.
La vérité n'a point cet air impétueux[6].
   Un sage ami, toujours rigoureux, inflexible,
Sur vos fautes jamais ne vous laisse paisible :   200
Il ne pardonne point les endroits négligés,
Il renvoie en leur lieu les vers mal arrangés,

---

   1. Ce précepte doit être toujours présent à l'esprit des jeunes gens qui composent, car ils sont trop souvent tentés d'introduire, de gré ou de force, et toujours avec précipitation, les expressions qui les ont frappés; et ils sacrifient, à ce désir de briller, la suite des idées et l'analogie des expressions, sans lesquelles il n'y a pas de bon style.

   2. Horace, livre II, épître II, vers 109 :

     At qui legitimum cupiet fecisse poema,
     Cum tabulis animum censoris sumet honesti.

   3. Horace, *Art poétique*, vers 424 :

              Sciet inter
  Noscere....

Le septième des traités moraux de Plutarque *enseigne comment on pourra discerner le flatteur d'avec l'ami*. On voit que Boileau a lu au moins le titre de ce traité; mais, pour les détails, il imite Horace.

   4. Un poëte contemporain, M. A. Pommier, a dit ingénument et plaisamment son avis sur ce précepte :

     En dépit de Boileau moi j'aime, je l'avoue,
     Fort peu qu'on me conseille et beaucoup qu'on me loue.

   5. Horace, *Art poétique*, vers 428 :

       Clamabit enim : pulchre, bene, recte!
  Pallescet super his; etiam stillabit amicis
  Ex oculis rorem; saliet, tundet pede terram.

   6. Horace, *Art poétique*, vers 433 :

   Derisor vero plus laudatore movetur.

Il réprime des mots l'ambitieuse emphase;
Ici le sens le choque, et plus loin c'est la phrase.
Votre construction semble un peu s'obscurcir :   205
Ce terme est équivoque, il le faut éclaircir[1].
C'est ainsi que vous parle un ami véritable.
Mais souvent sur ses vers un auteur intraitable
A les protéger tous se croit intéressé,
Et d'abord prend en main le droit de l'offensé.   210
« De ce vers, direz-vous, l'expression est basse. —
Ah ! monsieur, pour ce vers je vous demande grâce,
Répondra-t-il d'abord. — Ce mot me semble froid;
Je le retrancherais. — C'est le plus bel endroit ! —
Ce tour ne me plaît pas. — Tout le monde l'admire. »   215
Ainsi toujours constant à ne se point dédire,
Qu'un mot dans son ouvrage ait paru vous blesser,
C'est un titre chez lui pour ne point l'effacer.
Cependant, à l'entendre, il chérit la critique[2] :
Vous avez sur ses vers un pouvoir despotique.   220
Mais tout ce beau discours dont il vient vous flatter,
N'est rien qu'un piége adroit pour vous les réciter[3].
Aussitôt il vous quitte; et, content de sa muse,
S'en va chercher ailleurs quelque fat qu'il abuse :
Car souvent il en trouve. Ainsi qu'en sots auteurs,   225
Notre siècle est fertile en sots admirateurs;
Et, sans ceux que fournit la ville et la province,

1. Horace, *Art poétique*, vers 445:

> Vir bonus et prudens versus reprehendet inertes,
> Culpabit duros, incomptis allinet atrum
> Transverso calamo signum, ambitiosa recidet
> Ornamenta, parum claris lucem dare coget,
> Arguet ambigue dictum, mutanda notabit.

Le même poëte exprime à peu près les mêmes idées dans la seconde épître du deuxième livre, qu'il faut lire comme complément nécessaire de son *Art poétique :*

> Audebit quæcumque parum splendoris habebunt
> Et sine pondere erunt, et honore indigna ferentur,
> Verba movere loco, quamvis invita recedant...
> Luxuriantia compescet ; nimis aspera sano
> Lævabit cultu, virtute carentia tollet.

2. Perse, satire I, vers 55 :

> Et verum, inquis, amo ; verum mihi dicite de me

3. Ce *piége* est le pire des traquenards, de l'avis de tous ceux qui y sont tombés. Le bon Regnier en fit l'épreuve le jour où il rencontra cet importun, qui lui dit de sa voix la plus douce :

> Monsieur, je fais des livres,
> On les vend au Palais, et les doctes du temps
> A les lire occupés n'ont autre passe-temps.

Il en est chez le duc, il en est chez le prince.
L'ouvrage le plus plat a, chez les courtisans,
De tout temps rencontré de zélés partisans,   230
Et, pour finir enfin par un trait de satire,
Un sot trouve toujours un plus sot qui l'admire[1].

1. Si l'on en croit la Fontaine, livre II, fable xiv, il en est de la
poltronnerie comme de la sottise :

> Il n'est, je le vois bien, si poltron sur la terre
> Qui ne puisse trouver un plus poltron que soi.

CHANT II[1]

Telle qu'une bergère, au plus beau jour de fête,
De superbes rubis ne charge point sa tête,
Et, sans mêler à l'or l'éclat des diamants,
Cueille en un champ voisin ses plus beaux ornements :
Telle, aimable en son air, mais humble dans son style[2],   5
Doit éclater sans pompe une élégante idylle.
Son tour simple et naïf n'a rien de fastueux,

1. Boileau consacre ce chant à la définition poétique des genres secondaires, tels que l'idylle, l'élégie, la chanson, la satire et de petits genres, comme le sonnet, l'épigramme, le rondeau, le vaudeville. L'un des trois grands genres, le genre lyrique, y occupe une place digne du sujet. Il est à remarquer que, ni dans ce chant, ni dans le suivant, Boileau ne traite du genre didactique; il se contente d'en créer un nouveau modèle. Marmontel a fort bien jugé les définitions de Boileau, en disant: « Qu'elles sont elles-mêmes des modèles du style, du ton, du coloris qui convient à leur objet. » Le poëte aurait dû, dans ce second chant, parler de l'apologue ; c'est une grave omission qui ne se justifie pas.

2. Ce début si orné, si gracieux, si poétique, n'a pas échappé à la critique des grammairiens, qui prétendent que les deux termes comparés ne s'unissent pas régulièrement, et qu'il faudrait non pas répéter *telle*, mais dire *semblable à une bergère, l'idylle*, etc. ; ou, en d'autres termes, faire de la prose. Boileau a mieux aimé être poëte, et il a suivi la syntaxe elliptique de Malherbe dans l'ode à Henri IV:

> Tel qu'à vagues épandues
> Marche un fleuve impétueux, etc.
> Tel et plus épouvantable
> S'en allait ce conquérant.

Un quatrain de l'ode burlesque de Scarron, *Héro et Léandre*, a pu fournir à Boileau l'image qui donne tant de charme à ces vers:

> Avec l'émail de nos prairies,
> Quand on le sait bien façonner,
> On peut aussi bien couronner
> Qu'avec l'or et les pierreries.

Si on ajoute à ce rapprochement ces vers de Segrais

> Telle que se fait voir, de fleurs couvrant sa tête,
> Une blonde bergère, un beau jour d'une fête,

on aura une juste idée de l'art de Boileau dans l'imitation, qu'il sait rendre originale.

Et n'aime point l'orgueil d'un vers présomptueux.
Il faut que sa douceur flatte, chatouille, éveille,
Et jamais de grands mots n'épouvante l'oreille.   10
Mais souvent dans ce style un rimeur aux abois
Jette là, de dépit, la flûte et le hautbois,
Et, follement pompeux dans sa verve indiscrète,
Au milieu d'une églogue entonne la trompette.
De peur de l'écouter, Pan fuit dans les roseaux   15
Et les nymphes, d'effroi, se cachent sous les eaux [1].
    Au contraire, cet autre, abject en son langage,
Fait parler ses bergers comme on parle au village.
Ses vers plats et grossiers, dépouillés d'agrément,
Toujours baisent la terre, et rampent tristement :   20
On dirait que Ronsard, sur ses pipeaux rustiques,
Vient encor fredonner ses idylles gothiques
Et changer, sans respect de l'oreille et du son,
Lycidas en Pierrot et Philis en Toinon [2].
    Entre ces deux excès la route est difficile.   25
Suivez, pour la trouver, Théocrite et Virgile [3] :
Que leurs tendres écrits, par les Grâces dictés,
Ne quittent point vos mains, jour et nuit feuilletés [4].
Seuls dans leurs doctes vers ils pourront vous apprendre
Par quel art sans bassesse un auteur peut descendre;   30
Chanter Flore, les champs, Pomone, les vergers;
Au combat de la flûte animer deux bergers;
Des plaisirs de l'amour vanter la douce amorce;
Changer Narcisse en fleur, couvrir Daphné d'écorce [5];

---

1. Tout ce passage sur les écarts héroïques de l'idylle paraît dirigé contre Charpentier et Ménage, qui, tous deux, sous forme bucolique, avaient embouché la trompette, l'un en l'honneur de Louis XIV, l'autre pour célébrer la reine Christine.

2. Ronsard avait, en effet, employé ces noms vulgaires. Dans son *Bocage royal*, Charles IX reçoit le nom de Carlin, et Catherine de Médicis celui de Catin, diminutif de Catherine. Ce travestissement avait paru choquant dès le XVIᵉ siècle, puisque Vauquelin de la Fresnaye, contemporain et disciple de Ronsard, l'a blâmé dans son *Art poétique*. On serait donc mal venu à le justifier.

3. Théocrite et Virgile sont bien les maîtres du genre bucolique, où ils ont seuls trouvé la juste mesure de simplicité, d'élégance et de naturel qu'il faut atteindre, si on veut réussir, et qu'on ne dépasse pas impunément. Leurs imitateurs ont trop souvent mérité l'anathème d'Horace, *servum pecus*, renouvelé par la Fontaine, qui les appelle *sot bétail*; rien ne convient mieux pour qualifier ces faux bergers

4. Horace, *Art poétique*, vers 268 :
Vos exemplaria græca
Nocturna versate manu, versate diurna.

5. Ces métamorphoses sont dans Ovide et non dans les poëtes buco

Et par quel art encor l'églogue quelquefois   35
Rend dignes d'un consul la campagne et les bois [1].
Telle est de ce poëme et la force et la grâce.

D'un ton un peu plus haut, mais pourtant sans audace,
La plaintive élégie, en longs habits de deuil,
Sait, les cheveux épars, gémir sur un cercueil.   40
Elle peint des amants la joie et la tristesse [2],
Flatte, menace, irrite, apaise une maîtresse.
Mais, pour bien exprimer ces caprices heureux,
C'est peu d'être poëte, il faut être amoureux.

Je hais ces vains auteurs dont la muse forcée   45
M'entretient de ses feux, toujours froide et glacée,
Qui s'affligent par art, et, fous de sens rassis,
S'érigent, pour rimer, en amoureux transis.
Leur transports les plus doux ne sont que phrases vaines;
Ils ne savent jamais que se charger de chaînes,   50
Que bénir leur martyre, adorer leur prison,
Et faire quereller les sens et la raison.
Ce n'était pas jadis sur ce ton ridicule
Qu'Amour dictait les vers que soupirait Tibulle [3];
Ou que, du tendre Ovide animant les doux sons,   55
Il donnait de son art les charmantes leçons [4].
Il faut que le cœur seul parle dans l'élégie.

L'ode, avec plus d'éclat, et non moins d'énergie [5],

---

liques. Au reste, le vers est charmant, et s'il est amené par le besoin
de rimer avec *amorce*, cette fois la rime a bien servi le poëte.

1. Virgile, églogue IV :

> Si canimus sylvas, sylvæ sint consule dignæ.

2. Il est clair qu'alors l'élégie a quitté ses longs habits de deuil.
L'élégie (ἒ λέγω, je dis hélas !) est originairement un poëme plaintif;
mais le mètre dans lequel on l'écrivit (c'est l'hexamètre suivi d'un
pentamètre) ayant été appliqué à l'expression de sentiments divers,
l'acception du mot élégie s'est étendue. Horace le dit, *Art poétique*,
vers 75 :

> Versibus impariter junctis, querimonia primum,
> Post etiam inclusa est voti sententia compos.

3. Cette heureuse expression est de Joachim Du Bellay :

> Les vers que je soupire aux bords ausoniens.

Tibulle lui-même y conduisait en parlant des amours, qu'il *soupire*,
notamment dans ce vers, livre IV, élégie V, vers 11 :

> Quod si forte alios jam nunc suspirat amores.

4. Les charmantes leçons d'Ovide, que Boileau n'aurait pas dû
louer, ne partent pas du cœur, et elles s'adressent aux sens. Cet *Art
d'aimer* est un traité de séduction et de corruption.

5. Ce dernier hémistiche a embarrassé et scandalisé les commenta-

Élevant jusqu'au ciel son vol ambitieux,
Entretient dans ses vers commerce avec les dieux.　　　60
Aux athlètes dans Pise elle ouvre la barrière,
Chante un vainqueur poudreux au bout de la carrière,
Mène Achille sanglant aux bords du Simoïs,
Ou fait fléchir l'Escaut sous le joug de Louis [1].
Tantôt, comme une abeille ardente à son ouvrage,　　　65
Elle s'en va de fleurs dépouiller le rivage :
Elle peint les festins, les danses et les ris;
Vante un baiser cueilli sur les lèvres d'Iris,
Qui mollement résiste, et par un doux caprice,
Quelquefois le refuse, afin qu'on le ravisse [2].　　　70
Son style impétueux souvent marche au hasard :
Chez elle un beau désordre est un effet de l'art [3].
　　Loin ces rimeurs craintifs dont l'esprit flegmatique
Garde dans ses fureurs un ordre didactique;
Qui, chantant d'un héros les progrès éclatants, .　　　75
Maigres historiens, suivront l'ordre des temps.
Ils n'osent un moment perdre un sujet de vue :
Pour prendre Dôle, il faut que Lille soit rendue;
Et que leur vers, exact ainsi que Mézerai [4],
Ait fait déjà tomber les remparts de Courtrai.　　　80
Apollon de son feu leur fut toujours avare.

teurs qui blâment Boileau d'avoir attribué l'énergie à l'élégie. En effet, il serait bien coupable. Son tort est moins grave sans être excusable ; *énergie* se rapporte seulement à *éclat*, et il faut entendre *non moins d'énergie que d'éclat*. Il est fâcheux que cette explication soit nécessaire, et *non moins* fâcheux qu'on en ait cherché d'autres. Par malheur encore, on a tenté des corrections, et Le Brun proposait :

> L'ode avec plus d'éclat, de flamme, d'énergie.

Son offre n'a pas été accueillie.

1. Horace, *Art poétique*, vers 83 :

> Musa dedit fidibus Divos puerosque Deorum,
> Et pugilem victorem, et equum certamine primum,
> Et juvenum curas, et libera vina referre.

2. Horace, livre II, ode XII :

> Dum flagrantia detorquet ad oscula
> Cervicem, aut facili sævitia negat
> Quæ poscente magis gaudeat eripi.

3. Boileau a parfaitement raison ; mais il faut ajouter, pour le bien comprendre, qu'un beau désordre n'est jamais qu'un désordre apparent, et que sa beauté réelle résulte d'un ordre supérieur que la réflexion découvre. Cela est vrai de Pindare et de tout *beau désordre*, en quelque genre que ce soit.

4. Le mérite de Mézerai n'est pas précisément l'exactitude, mais la sincérité. A ce moment Mézerai était, sans comparaison, le meilleur

On dit, à ce propos, qu'un jour ce dieu bizarre [1],
Voulant pousser à bout tous les rimeurs françois,
Inventa du sonnet les rigoureuses lois [2],
Voulut qu'en deux quatrains de mesure pareille   85
La rime avec deux sons frappât huit fois l'oreille,
Et qu'ensuite six vers, artistement rangés,
Fussent en deux tercets par le sens partagés.
Surtout de ce poëme il bannit la licence [3].
Lui-même en mesura le nombre et la cadence,   90
Défendit qu'un vers faible y pût jamais entrer,
Ni qu'un mot déjà mis osât s'y remontrer.
Du reste il l'enrichit d'une beauté suprême :
Un sonnet sans défauts vaut seul un long poëme [4].
Mais en vain mille auteurs y pensent arriver,   95
Et cet heureux phénix est encore à trouver.
A peine dans Gombaud, Maynard et Malleville [5]

de nos historiens, et aujourd'hui encore il n'est pas des moindres. Son indépendance lui fit enlever le titre et les fonctions d'historiographe. Né en 1610, à Rye, village de Normandie, près d'Argentan, il mourut à Paris en 1683. Il succéda à Voiture comme académicien, et à Conrart comme secrétaire perpétuel de l'Académie. Pendant la Fronde, il écrivit quelques pamphlets vigoureux contre Mazarin.

1. Ce petit épisode, amené là par le nom d'Apollon, jeté comme par hasard, est un jeu d'esprit qui a dû coûter bien des efforts à son auteur. Les règles du sonnet y sont exprimées dans un langage poétique avec une précision rigoureuse. Toutefois, la transition, *à ce propos*, est un peu brusque. En effet, à propos de quoi? On peut se faire cette question, et il n'est pas facile d'y répondre. — Les transitions étaient sans doute ici bien difficiles; mais il faut avouer qu'elles sont en général assez monotones.

> D'un ton un peu plus haut, mais pourtant sans audace,
> La plaintive élégie...
> L'ode, avec plus d'éclat, et non moins d'énergie...
> L'épigramme, plus libre en son cours plus borné..

2. Nous retrouvons ici la rime, devenue irrégulière, de *françois* et de *lois*. L'inventeur humain du sonnet est Girard de Bourneuil, trouvère limousin du XIIIe siècle, mort en 1278. Les Italiens ont fait fleurir ce petit poëme, d'origine française, qui nous est revenu au XVIe siècle. Sa vogue a continué jusqu'au temps de Boileau ; délaissé au XVIIIe siècle, il a eu de nos jours une espèce de renaissance. Toutefois *l'heureux phénix* est encore à trouver.

3. Il s'agit de licence métrique; Malherbe et ses disciples appelaient *licencieux* les sonnets où quelqu'une des règles était enfreinte.

4. Il reste toujours aux sonnets, même imparfaits, sur certains *longs poëmes*, un avantage: c'est d'être courts.

5. Ces trois poëtes ne sont pas sans mérite. Gombaud (1576-1666) fut un des premiers membres de l'Académie. Il paya un large tribut au goût maniéré des Italiens. Outre un grand nombre de sonnets et de madrigaux, il a composé une pièce pastorale qui cache, sous le

En peut-on admirer deux ou trois entre mille [1] ;
Le reste, aussi peu lu que ceux de Pelletier,
N'a fait de chez Sercy qu'un saut chez l'épicier.   100
Pour enfermer son sens dans la borne prescrite,
La mesure est toujours trop longue ou trop petite.

   L'épigramme, plus libre en son tour plus borné,
N'est souvent qu'un bon mot de deux rimes orné [2].
Jadis de nos auteurs les pointes ignorées   105
Furent de l'Italie en nos vers attirées.
Le vulgaire, ébloui de leur faux agrément,
A ce nouvel appât courut avidement.
La faveur du public excitant leur audace,
Leur nombre impétueux inonda le Parnasse :   110
Le madrigal d'abord en fut enveloppé ;
Le sonnet orgueilleux lui-même en fut frappé
La tragédie en fit ses plus chères délices ;
L'élégie en orna ses douloureux caprices ;
Un héros sur la scène eut soin de s'en parer,   115
Et sans pointe un amant n'osa plus soupirer ;
On vit tous les bergers, dans leurs plaintes nouvelles,
Fidèles à la pointe, encor plus qu'à leurs belles ;
Chaque mot eut toujours deux visages divers :
La prose la reçut aussi bien que les vers ;   120
L'avocat au palais en hérissa son style,
Et le docteur en chaire en sema l'évangile [3].

titre d'*Endymion*, une aventure mystérieuse de sa jeunesse. —
Maynard (1582-1646), disciple de Malherbe, membre de l'Académie
française, président à Aurillac, se vengea par un sonnet cruellement
spirituel de l'abandon où le laissait Richelieu. Ses vers sont d'un
tour heureux, mais ils manquent de feu et de vigueur. — Malleville
(1597-1647), secrétaire du maréchal de Bassompierre et académicien,
était véritablement un bel esprit. Fort goûté à l'hôtel de Rambouil-
let, et rival de Voiture, il lutta contre lui par le sonnet de *la Belle
matineuse*, et parut l'emporter. On cite, comme un modèle du genre,
son rondeau sur Boisrobert, favori de Richelieu. C'est une charmante épigramme.

   1. Boileau avait dit d'abord *supporter* et non *admirer*. Il céda
aux clameurs des partisans des trois poëtes, sans s'inquiéter de faire
concorder cet amendement avec ce qui précède.

   2. Cette définition ne convient pas à l'épigramme telle que l'ont
faite les maîtres du genre. Sa forme véritable est le huitain ou le
dizain marotique. Boileau songeait sans doute à son bon mot sur
Corneille :

J'ai vu l'Agésilas,
Hélas !

   3. Allusion au petit père André, augustin, dont les sermons, fort
goûtés de la foule, étaient semés de pointes et de quolibets. Il fut le
dernier représentant de cette école de sermonnaires qui se permet-

La raison outragée enfin ouvrit les yeux,
La chassa pour jamais des discours sérieux,
Et, dans tous ses écrits la déclarant infâme, 125
Par grâce lui laissa l'entrée en l'épigramme,
Pourvu que sa finesse, éclatant à propos,
Roulât sur la pensée, et non pas sur les mots[1].
Ainsi de toutes parts les désordres cessèrent.
Toutefois à la cour les turlupins restèrent[2], 130
Insipides plaisants, bouffons infortunés,
D'un jeu de mots grossier partisans surannés.
Ce n'est pas quelquefois qu'une muse un peu fine
Sur un mot, en passant, ne joue et ne badine,
Et d'un sens détourné n'abuse avec succès; 135
Mais fuyez sur ce point un ridicule excès,
Et n'allez pas toujours d'une pointe frivole
Aiguiser par la queue une épigramme folle[3].
  Tout poëme est brillant de sa propre beauté[4].
Le rondeau, né gaulois, a la naïveté. 140
La ballade, asservie à ses vieilles maximes,
Souvent doit tout son lustre au caprice des rimes.
Le madrigal, plus simple, et plus noble en son tour,
Respire la douceur, la tendresse et l'amour.
  L'ardeur de se montrer, et non pas de médire, 145

taient d'assaisonner de plaisanteries populaires la prédication de la parole évangélique. Né vers 1578, il mourut en 1657. Bossuet, l'année suivante, allait donner les premiers modèles de l'éloquence religieuse, et déjà les Desmares, les Lingendes, les Singlin avaient rendu au sermon son caractère de grave enseignement.

1. Boileau marque ici la limite de la plaisanterie permise aux hommes de goût. Sans doute le plus sûr est de ne jamais jouer avec les mots; mais si les mots en se rapprochant font en même temps jaillir et étinceler un rapport d'idées, ce n'est qu'une faute vénielle. Quant à l'habitude de jouer sur les mots, et de tirer d'un rapprochement purement verbal des rencontres plus ou moins piquantes, c'est un abus déplorable, et dont on ne saurait trop signaler les dangers.

2. Ce nom, d'où s'est formé celui de *turlupinade*, vient d'un acteur de l'hôtel de Bourgogne, Le Grand (Henri), qui prenait dans les farces le surnom de Turlupin, et dans le haut comique celui de Belleville.

3. C'est à tort qu'on a critiqué ces deux vers comme obscurs. C'est faute de connaître toute la force de la préposition *de*, qui a le sens de *par* dans ces mots *d'une pointe frivole*. Boileau nous dit, et dit fort bien, qu'il ne faut pas toujours armer d'une pointe la queue d'une épigramme.

4. Ce vers signifie que chaque poëme a un genre particulier de beauté qui le caractérise. Ainsi, un rondeau qui manquerait de naïveté, eût-il d'ailleurs d'autres qualités supérieures même à la naïveté, ne serait pas un bon rondeau.

Arma la Vérité du vers de la satire[1].
Lucile le premier osa la faire voir[2];
Aux vices des Romains présenta le miroir;
Vengea l'humble vertu de la richesse altière
Et l'honnête homme à pied du faquin en litière.　　　　　　150
　　Horace à cette aigreur mêla son enjoûment[5]:
On ne fut plus ni fat ni sot impunément;
Et malheur à tout nom qui, propre à la censure,
Put entrer dans un vers sans rompre la mesure!
　　Perse, en ses vers obscurs, mais serrés et pressants,　　155
Affecta d'enfermer moins de mots que de sens[4].
　　Juvénal, élevé dans les cris de l'école,
Poussa jusqu'à l'excès sa mordante hyperbole.
Ses ouvrages, tout pleins d'affreuses vérités,
Étincellent pourtant de sublimes beautés :　　　　　　160
Soit que, sur un écrit arrivé de Caprée,

1. Souvenir du vers d'Horace :

> Archilochum proprio rabies armavit iambo.

2. Horace, Perse et Juvénal ont parlé tous trois de Lucile, dont l'exemple autorisait toutes les hardiesses et les rigueurs de la satire. Horace, livre II, satire I, vers 62 :

> Est Lucilius ausus
> Primus in hunc operis componere carmina morem.

Perse, satire I, vers 114 :

> Secuit Lucilius urbem.

Et enfin Juvénal, satire I, vers 165 :

> Ense velut stricto, quoties Lucilius ardens
> Infremuit, rubet auditor cui frigida mens est
> Criminibus, tacita sudant præcordia culpa.

5. Voyez plus haut, page 168, note 1. Perse, satire I, vers 116 :

> Omne vafer vitium ridenti Flaccus amico
> Tangit, et admissus circum præcordia, ludit,
> Callidus excusso populum suspendere naso.

4. L'obscurité de Perse est devenue proverbiale, mais elle n'est pas complétement impénétrable. Le plus beau vers moral que l'antiquité nous ait légué est de lui. Il dit en parlant des méchants :

> Virtutem videant intabescantque relicta.

Ce portrait de Perse imite la concision du modèle. *Ses vers serrés et pressants* caractérisent admirablement le style du satirique latin. Le mot *pressant* n'a pas d'ordinaire une signification aussi énergique; il veut dire ici que Perse réussit à concentrer sa pensée, à l'enfermer dans le plus petit nombre de mots possible.

Il brise de Séjan la statue adorée [1];
Soit qu'il fasse au conseil courir les sénateurs,
D'un tyran soupçonneux pâles adulateurs [2];
Ou que, poussant à bout la luxure latine,   165
Aux portefaix de Rome il vende Messaline [3].
Ses écrits pleins de feu partout brillent aux yeux.
. De ces maîtres savants disciple ingénieux,
Regnier, seul parmi nous formé sur leurs modèles,
Dans son vieux style encore a des grâces nouvelles.   170
Heureux si ses discours, craints du chaste lecteur,
Ne se sentaient des lieux où fréquentait l'auteur
Et si, du son hardi de ses rimes cyniques,
Il n'alarmait souvent les oreilles pudiques [4]!
Le latin dans les mots brave l'honnêteté,   175
Mais le lecteur français veut être respecté :
Du moindre sens impur la liberté l'outrage,
Si la pudeur des mots n'en adoucit l'image.
Je veux dans la satire un esprit de candeur
Et fuis un effronté qui prêche la pudeur [5].   180
D'un trait de ce poëme en bons mots si fertile
Le Français, né malin, forma le vaudeville [6] :

1. Ces deux vers font allusion à un des plus beaux passages du chef-
d'œuvre de Juvénal, la satire x, sur les vœux. Le premier rappelle le
vers 71 du poëte latin :

Verbosa et grandis epistola venit
A Capreis.

Le second, le vers 60 et les suivants :

Ardet adoratum populo caput, et crepat ingens
Sejanus, etc.

2. La satire iv, ou *le Turbot*, flétrit par le ridicule un des plus
grands affronts faits au sénat, sous et par Domitien, vers 72 :

Vocantur
Ergo in concilium proceres, quos oderat ille,
In quorum facie miseræ magnæque sedebat
Pallor amicitiæ.

3. Ce morceau énergique, et d'une étrange audace, fait partie de la
sixième satire, sur les femmes.
4. Boileau a tort de caractériser son devancier Regnier par un trait
qui le défigure, et par un souvenir qui le diffame. Le bon Regnier ne
prêche pas le vice. Il en a décrit les misères et la honte avec une
franchise et une vérité qui sont loin d'être une excitation au mal.
6. L'origine du mot *vaudeville* a été souvent discutée. Quelques
étymologistes le font venir de *voix de ville*, et la définition que
donne ici Boileau paraît se rattacher à cette hypothèse. Il n'en est
pas moins avéré par l'histoire, et même par la philologie, que ce mot
est une altération de *vaux-de-Vire*, nom donné aux joyeuses chansons d'Olivier Basselin, poëte et foulon dans le val de Vire. Olivier
Basselin vivait au commencement du xv° siècle.

Agréable indiscret, qui, conduit par le chant,
Passe de bouche en bouche, et s'accroît en marchant[1].
La liberté française en ses vers se déploie :　　　　185
Cet enfant du plaisir veut naître dans la joie.
Toutefois n'allez pas, goguenard dangereux,
Faire Dieu le sujet d'un badinage affreux :
A la fin tous ces jeux, que l'athéisme élève,
Conduisent tristement le plaisant à la Grève[2].　　　190
Il faut, même en chansons, du bon sens et de l'art :
Mais pourtant on a vu le vin et le hasard
Inspirer quelquefois une muse grossière
Et fournir, sans génie, un couplet à Linière.
Mais pour un vain bonheur qui vous a fait rimer,　　195
Gardez qu'un sot orgueil ne vous vienne enfumer.
Souvent l'auteur altier de quelque chansonnette
Au même instant prend droit de se croire poëte :
Il ne dormira plus qu'il n'ait fait un sonnet;
Il met tous les matins six impromptus au net;　　　200
Encore est-ce un miracle, en ses vagues furies,
Si bientôt, imprimant ses sottes rêveries,
Il ne se fait graver au-devant du recueil,
Couronné de lauriers par la main de Nanteuil[3].

1. Virgile dit, en parlant de la renommée: *Vires acquirit eundo;*
le vaudeville gagne des couplets, comme on le voit par un grand
nombre de chansons populaires qui ont eu ce genre de croissance.
2. Allusion au supplice récent d'un jeune poëte nommé Pierre Petit, pendu et brûlé sous le ministère de Mazarin, pour avoir composé
des chansons impies.
3. Robert Nanteuil (1630-1678), graveur célèbre, né à Reims. Les
portraits qu'il a gravés sont fort recherchés des amateurs, et on peut
dire que personne n'a manié le burin avec plus d'énergie et de dé-
licatesse.

CHANT III[1]

Il n'est point de serpent ni de monstre odieux
Qui, par l'art imité, ne puisse plaire aux yeux[2] :
D'un pinceau délicat l'artifice agréable
Du plus affreux objet fait un objet aimable.
Ainsi, pour nous charmer, la tragédie en pleurs   5
D'Œdipe tout sanglant fit parler les douleurs[3],
D'Oreste parricide exprima les alarmes[4]
Et, pour nous divertir, nous arracha des larmes.
    Vous donc qui, d'un beau feu pour le théâtre épris,
Venez en vers pompeux y disputer le prix,   10

---

1. Ce chant, qui traite de la tragédie, de l'épopée et de la comédie, le plus étendu et le plus important du poëme, étincelle de beautés. L'ordre suivi n'est pas rigoureusement méthodique, puisque l'épopée a précédé historiquement le genre dramatique, et que les deux formes de ce genre, la tragédie et la comédie, devaient être juxtaposées. Boileau a mieux aimé être moins didactique et plus poétique : trouvant de meilleures transitions et plus de variété dans la marche qu'il a préférée, on peut dire qu'il s'est décidé en poëte et en homme de goût. Comme dans les chants qui précèdent, l'histoire littéraire et la satire se mêlent aux préceptes, et les définitions y deviennent des peintures et presque des personnages.

2. L'imitation fidèle ne suffirait pas pour produire ce prodige : il faut encore ce que Boileau appelle l'*artifice agréable* du pinceau, c'est-à-dire la puissance de l'expression et le choix des traits. C'est ainsi qu'un personnage naturellement odieux peut devenir dramatiquement beau. L'effet le plus surprenant de cette magie de l'art est peut-être la Cléopatre de la *Rodogune* de Corneille. Aristote, qui fournit cette remarque à Boileau, paraît trop exclusif en faveur de l'imitation : « Ce qui est imité, dit-il, plaît toujours. On en peut juger par les productions des arts : des objets que, dans la réalité, nous verrions avec peine, par exemple les bêtes les plus hideuses, les cadavres, nous en contemplons avec plaisir les représentations les plus exactes. » Trad. de M. Egger, chapitre IV.

3. Dans l'*Œdipe roi*, de Sophocle, le fils de Laïus, après s'être crevé et arraché les yeux, reparaît tout sanglant devant les spectateurs effrayés, et charmés du spectacle de ses douleurs et de l'éloquence de ses plaintes.

4. Eschyle, Sophocle et Euripide ont tous trois mis en scène Oreste parricide, et ont su le rendre intéressant.

Voulez-vous sur la scène étaler des ouvrages
Où tout Paris en foule apporte ses suffrages,
Et qui, toujours plus beaux, plus ils sont regardés,
Soient au bout de vingt ans encor redemandés [1],
Que dans tous vos discours la passion émue   15
Aille chercher le cœur, l'échauffe et le remue [2].
Si d'un beau mouvement l'agréable fureur
Souvent ne nous remplit d'une douce terreur,
Ou n'excite en notre âme une pitié charmante [3],
En vain vous étalez une scène savante :   20
Vos froids raisonnements ne feront qu'attiédir
Un spectateur toujours paresseux d'applaudir,
Et qui, des vains efforts de votre rhétorique
Justement fatigué, s'endort, ou vous critique [4].
Le secret est d'abord de plaire et de toucher :   25
Inventez des ressorts qui puissent m'attacher [5].
    Que dès les premiers vers l'action préparée
Sans peine du sujet m'aplanisse l'entrée.

1. Horace, *Art poétique*, vers 190 :

> Fabula, quæ posci vult, et spectata reponi.

Idem, ibid., vers 365 :

> Hæc decies repetita placebit.

Ce vers est imité librement de l'épître I, livre II, vers 211

> Poeta meum qui pectus inaniter angit,
> Irritat, mulcet, falsis terroribus implet,
> Ut magus.

3. Boileau reconnaît, comme Aristote, que la terreur et la pitié sont les ressorts de la tragédie. Il ajoute que la terreur doit être *douce* et la pitié *charmante*. Il entend sans doute que la terreur et la pitié, ainsi modifiées, sont *purgées*, et alors il n'entre pas dans le sens du philosophe grec, qui, en disant, dans sa célèbre définition, « que la tragédie, par le moyen de la terreur et de la pitié, purge les passions du même genre, » entend, à tort ou à raison, qu'il s'opère réellement une purgation, une évacuation morale par où l'âme est soulagée. Aristote parle en médecin plutôt qu'en philosophe.

4. Cette critique porte sur les longues et subtiles dissertations, trop fréquentes chez Corneille, surtout dans les œuvres de sa vieillesse.

5. Si Boileau entend par le premier de ces deux vers les mœurs et les caractères qui, en effet, peuvent seuls plaire et toucher, et que le second, qui indique clairement l'action, soit subordonné au premier, il a raison contre Aristote, qui prétend que la tragédie, fondée sur l'action, peut se passer de mœurs. L'expérience prouve, en effet, que quelque dramatique que soit la fable d'une tragédie, elle ne touche pas si les personnages ne sont pas intéressants par les mœurs et le caractère. — Il y a dans le second vers une sorte d'incohérence assez difficile à justifier. Des *ressorts* n'*attachent* point.

Je me ris d'un auteur qui, lent à s'exprimer,
De ce qu'il veut d'abord ne sait pas m'informer,   30
Et qui, débrouillant mal une pénible intrigue,
D'un divertissement me fait une fatigue [1].
J'aimerais mieux encor qu'il déclinât son nom,
Et dît : Je suis Oreste, ou bien Agamemnon [2],
Que d'aller, par un tas de confuses merveilles,   35
Sans rien dire à l'esprit, étourdir les oreilles :
Le sujet n'est jamais assez tôt expliqué.
  Que le lieu de la scène y soit fixe et marqué.
Un rimeur, sans péril, delà les Pyrénées
Sur la scène en un jour renferme des années :   40
Là souvent le héros d'un spectacle grossier,
Enfant au premier acte, est barbon au dernier [3].
Mais nous, que la raison à ses règles engage,
Nous voulons qu'avec art l'action se ménage :
Qu'en un lieu, qu'en un jour, un seul fait accompli   45
Tienne jusqu'à la fin le théâtre rempli [4].
  Jamais au spectateur n'offrez rien d'incroyable [5] :

1. Ce vers s'applique à la tragédie d'*Héraclius*, puissante combinaison du génie de Corneille, mais si compliquée, que l'attention la plus soutenue peut à peine suivre les fils de l'intrigue.

2. Plusieurs tragédies grecques débutent avec cette simplicité, notamment l'*Hécube* d'Euripide, où l'ombre de Polydore, fils de Priam, égorgé en Thrace par le traître Polymnestor, entre en scène en disant expressément : « Je suis Polydore! »

3. Le poëte exagère les libertés du théâtre espagnol, qui d'ailleurs sont fort grandes. Lope de Vega et Calderon disposent du temps et de l'espace à leur gré, mais ils savent y jeter une action intéressante, de nobles sentiments et des personnages dramatiques.

4. On admire avec raison cette expression si précise et si élégante de la règle des trois unités. Cette règle, fort débattue, et définitivement établie sur le théâtre français au temps de Corneille, n'avait pas la même rigueur chez les Grecs. Aristote prescrit l'unité d'action, ou autrement l'unité d'âme, dans toute œuvre dramatique, qui est, selon son expression, un être vivant, ζῶόν τι. Or l'unité est l'essence même de la vie intelligente. Sur ce point, il n'y a pas de controverse raisonnable. Aristote recommande, en outre, une juste étendue, et par là il limite implicitement la durée de l'action et le lieu qui doit la circonscrire; mais il ne détermine pas cette limite. Dans la pratique, elle était fort étroite chez les Grecs, par la présence du chœur, qui fixait le lieu, et par la continuité de l'action, qui précisait la durée. Chez les modernes, la suppression du chœur, l'interruption du spectacle coupé par l'intervalle des actes, permettent de changer le lieu de la scène et d'étendre la durée. L'art du poëte, dans l'intérêt de l'action, sera de ne pas trop dépayser le spectateur, et de ne pas lui imposer de trop longs ni de trop brusques voyages à travers le temps. La règle absolue des vingt-quatre heures et l'unité de place sont de la superstition.

5. Horace, *Art poétique*, vers 338 :
    Ficta voluptatis causa sint proxima veris.

Le vrai peut quelquefois n'être pas vraisemblable [1].
Une merveille absurde est pour moi sans appas :
L'esprit n'est point ému de ce qu'il ne croit pas [2].   50
Ce qu'on ne doit point voir, qu'un récit nous l'expose :
Les yeux en le voyant saisiraient mieux la chose,
Mais il est des objets que l'art judicieux
Doit offrir à l'oreille et reculer des yeux [3].

Que le trouble, toujours croissant de scène en scène,   55
A son comble arrivé se débrouille sans peine.
L'esprit ne se sent point plus vivement frappé
Que lorsqu'en un sujet d'intrigue enveloppé,
D'un secret tout à coup la vérité connue
Change tout, donne à tout une face imprévue [4].   60

La tragédie, informe et grossière en naissant [5],
N'était qu'un simple chœur, où chacun, en dansant
Et du dieu des raisins entonnant les louanges,
S'efforçait d'attirer de fertiles vendanges.
Là, le vin et la joie éveillant les esprits,   65
Du plus habile chantre un bouc était le prix [6].

1. L'invraisemblance du vrai n'était pas pour Corneille un motif
d'exclusion : « Lorsque les actions sont vraies, dit-il, il ne faut point
se mettre en peine de la vraisemblance ; elles n'ont pas besoin de
son secours. Tout ce qui s'est fait manifestement s'est pu faire, dit
Aristote, parce que, s'il ne s'était pu faire, il ne se serait pas fait. »
Cela est bon pour l'histoire : mais dans le drame, l'invraisemblable
vrai n'en a pas moins les inconvénients de l'invraisemblance ; de
sorte que le précepte de Boileau est plus sûr que la pratique de
Corneille.

2. Horace, *Art poétique :*

> Quodcumque ostendis mihi sic, incredulus odi.

3. Horace, *Art poétique*, vers 180 :

> Segnius irritant animos demissa per aurem
> Quam quæ sunt oculis subjecta fidelibus, et quæ
> Ipse sibi tradit spectator. Non tamen intus
> Digna geri promes in scenam : multaque tolles
> Ex oculis quæ mox narret facundia præsens.

4. Ce dernier vers définit poétiquement la *péripétie*, ou passage du
bien au mal, et réciproquement, dans la situation des personnages.
La progression de l'intérêt, règle fondamentale, est aussi fort bien
exprimée :

> Que le trouble toujours croissant de scène en scène.

5. Boileau mêle avec beaucoup d'art l'histoire littéraire aux préceptes. Après avoir donné les règles générales du genre, il en esquisse
l'origine et les destinées en Grèce et en France, et de là il passe à un
autre ordre de préceptes moins étendus. Nos lecteurs trouveront,
dans les belles *Études* de M. Patin, *sur les Tragiques grecs* (4 vo-
lumes), l'histoire complète de la tragédie.

Horace, *Art poétique*, vers 220 :

> Carmine qui tragico vilem certavit ob hircum.

Thespis fut le premier qui, barbouillé de lie,
Promena par les bourgs cette heureuse folie
Et, d'acteurs mal ornés chargeant un tombereau,
Amusa les passants d'un spectacle nouveau [1].   70

Eschyle dans le chœur jeta les personnages,
D'un masque plus honnête habilla les visages,
Sur les ais d'un théâtre en public exhaussé,
Fit paraître l'acteur d'un brodequin chaussé [2].   75

Sophocle enfin, donnant l'essor à son génie [3],

---

1. Thespis vivait au sixième siècle avant l'ère chrétienne. Horace adopte la même tradition, *Art poétique*, vers 275 :

> Ignotum tragicæ genus invenisse Camœnæ
> Dicitur, et plaustris vexisse poemata Thespis
> Quæ canerent agerentque peruncti fœcibus ora.

« Mais, dit M. Patin (tome 1, page 20), il ne faut pas croire trop légèrement à tout ce qu'a dit Horace, sur la foi de quelques scoliastes, de son *tombereau*, de ses acteurs *mal ornés* et *barbouillés de lie*, de cette *heureuse folie* qu'il *promenait par les bourgs*, et qu'on a représentée comme si grossière et si barbare : c'est plutôt là l'histoire de Susarion que l'histoire de Thespis. »

2. Eschyle (525 avant J.-C. 477), né à Eleusis, mort en Sicile, est le vrai père de la tragédie. Thespis n'en avait donné que l'ébauche. Ici encore Boileau suit les traces d'Horace, *Art poétique*, vers 278 :

> Post hunc, personæ pallæque repertor honestæ,
> Æschylus; et modicis instravit pulpita tignis,
> Et docuit magnumque loqui nitique cothurno.

Habiller les visages n'est pas une expression vulgaire. Il fallait une certaine hardiesse pour la trouver et pour la garder. Mais les hardiesses des hommes de goût sont si heureuses, qu'à peine on les remarque : aussi bien n'ont-ils pas l'intention de les faire remarquer. On ne voit pas pourquoi Boileau donne un brodequin (*soccus*) aux acteurs d'Eschyle, quand Horace leur attribue le cothurne, qui est véritablement la chaussure tragique. Le brodequin appartient à la comédie :

> L'aimable comédie avec lui (*Molière*) terrassée
> En vain d'un coup si rude espéra revenir,
> Et sur ses *brodequins* ne put plus se tenir.

C'est Boileau qui le dit, épître VII, vers 36.

3. Sophocle, né au début du v⁰ siècle avant J.-C., vers 495, vécut environ quatre-vingt-dix ans, et, plus heureux qu'Eschyle, conserva jusqu'à la fin de sa vie la force de son génie et l'habitude de vaincre. On sait comment il confondit l'ingratitude de ses fils, en lisant devant ses juges le premier chant du chœur d'*Œdipe à Colone*. Ce poëte privilégié porta la tragédie grecque à la perfection, et son *Œdipe roi* est encore le chef-d'œuvre du théâtre. Euripide a été plus loin dans le pathétique; mais pour les autres parties de l'art dramatique il est resté bien en deçà de Sophocle. C'est pour cela sans doute que Boileau ne va pas jusqu'à lui dans cette rapide esquisse de l'histoire de la tragédie. On n'en regrette pas moins cette omission. Avant Sophocle, Eschyle avait *intéressé le chœur dans toute l'action* : l'éloge est donc mal choisi. Les vers trop raboteux sont une irrévérence à

Accrut encor la pompe, augmenta l'harmonie,
Intéressa le chœur dans toute l'action,
Des vers trop raboteux polit l'expression,
Lui donna chez les Grecs cette hauteur divine
Où jamais n'atteignit la faiblesse latine.   80
    Chez nos dévots aïeux le théâtre abhorré
Fut longtemps dans la France un plaisir ignoré[1].
De pèlerins, dit-on, une troupe grossière
En public à Paris y monta la première,
Et, sottement zélée en sa simplicité,   85
Joua les Saints, la Vierge et Dieu par piété[2].
Le savoir, à la fin dissipant l'ignorance,
Fit voir de ce projet la dévote imprudence[3].
On chassa ces docteurs prêchant sans mission;
On vit renaître Hector, Andromaque, Ilion.   90
Seulement les acteurs laissant le masque antique,
Le violon tint lieu de chœur et de musique[4].
    Bientôt l'amour, fertile en tendres sentiments,
S'empara du théâtre ainsi que des romans.
De cette passion la sensible peinture   95
Est pour aller au cœur la route la plus sûre.
Peignez donc, j'y consens, les héros amoureux;
Mais ne m'en formez pas des bergers doucereux:

l'encontre d'Eschyle, moins pur que Sophocle, il est vrai, mais plus
énergique.

1. M. Magnin avait promis de démontrer le contraire dans ses *Origines du théâtre moderne*, ouvrage important, dont le premier volume seul a paru. On sait déjà qu'avant les confrères de la Passion, des essais dramatiques avaient été tentés en France et dans les églises et dans les châteaux. Cependant il est vrai de dire que cette confrérie, autorisée à la fin du xivᵉ siècle, a donné l'essor au genre dramatique, longtemps négligé.

2. L'observation est juste, et on peut ajouter qu'elle ne sent point le libertinage. La piété des confrères de la Passion était sincère; leur intention allait à intéresser et à instruire le peuple. Les *mystères*, les *miracles* qu'ils représentaient étaient un cours populaire d'histoire sainte, et les *moralités* des chapitres de morale en action. L'Eglise favorisa ces représentations, et vint souvent en aide aux acteurs pour les costumes; elle réglait aussi l'heure des offices de manière à permettre aux fidèles de suivre les représentations théâtrales.

3. L'ordonnance de 1548, qui proscrit les *mystères*, est une conséquence des controverses religieuses. Ce n'est pas le *savoir*, mais l'hérésie, qui a dévoilé l'*imprudence* de ce projet, longtemps suivi, sans péril, en présence de l'orthodoxie générale.

4. Ce violon raclé dans les entr'actes est un maigre accompagnement, et si c'est un vestige du chœur antique, il est bien effacé. Racine l'a fait reparaître avec toute son importance morale et religieuse dans *Esther* et *Athalie*. M. Casimir Delavigne lui a aussi donné place dans le *Paria*.

Qu'Achille aime autrement que Thyrsis et Philène;
N'allez pas d'un Cyrus nous faire un Artamène[1];   100
Et que l'amour, souvent de remords combattu,
Paraisse une faiblesse et non une vertu[2].

Des héros de roman fuyez les petitesses :
Toutefois aux grands cœurs donnez quelques faiblesses.
Achille déplairait moins bouillant et moins prompt :   105
J'aime à lui voir verser des pleurs pour un affront.
A ces petits défauts marqués dans sa peinture[3],
L'esprit avec plaisir reconnaît la nature.
Qu'il soit sur ce modèle en vos écrits tracé :
Qu'Agamemnon soit fier, superbe, intéressé;   110
Que pour ses dieux Énée ait un respect austère.
Conservez à chacun son propre caractère.

1. *Artamène* est le nom romanesque de Cyrus dans l'ouvrage de mademoiselle de Scudéry. Boileau n'ose blâmer ce travestissement que dans la tragédie, tant la vogue des romans et le goût du siècle demandaient encore de ménagements.

2. Tout ce passage est en faveur de Racine contre Corneille. Corneille traitait l'amour comme une vertu, ou plutôt, dans l'âme de ses héroïnes, il subordonnait cette passion à un dessein héroïque. Ces amours de commande, si légèrement portés, ne sont pas dramatiques ; mais aussi Corneille n'en fait-il point le ressort de ses tragédies. Il cherche moins l'émotion que l'admiration : il représente la force de l'âme et non ses faiblesses. Les faiblesses combattues par le remords sont morales comme le spectacle de la vie réelle ; elles attachent et elles instruisent sans corrompre. Racine l'entend et le pratique ainsi ; mais Corneille ne se contente pas de ne point corrompre, il veut ennoblir et fortifier l'âme ; et quand il y ajoute l'intérêt, il est incomparable.

3. Les *petits* défauts ne sont pas le fait de l'Achille homérique ; il est probable que Boileau songe à l'Achille humanisé par Racine. Delille a crayonné énergiquement, dans le premier chant de son poëme de l'*Imagination*, l'Achille d'Homère, et caractérisé l'effet produit par ce mélange de *grandes* vertus et de *grands* défauts :

> Mais qu'on me montre Achille, Achille âme de feu,
> Dont la rage est d'un tigre et les vertus d'un dieu ;
> D'amitié, de fureur héroïque assemblage,
> Sentant profondément le bienfait et l'outrage.
> Tonnant dans les combats, et la lyre à la main,
> Seul au bord de la mer, consolant son chagrin;
> Pour apaiser Patrocle en sa demeure sombre,
> Tourmentant un cadavre et punissant une ombre.
> Et quand Priam d'Hector vient chercher les débris,
> Respectant un vieux père et lui rendant son fils;
> Ce grand tableau m'étonne, et mon âme tremblante
> Frémit tout à la fois de joie et d'épouvante.

Voilà un beau commentaire de ces vers d'Horace, *Art poétique*, vers 120, faiblement imités par Boileau :

> Honoratum si forte reponis Achillem,
> Impiger, iracundus, inexorabilis, acer,
> Jura neget sibi nata; nihil non arroget armis.

Des siècles, des pays, étudiez les mœurs :
Les climats font souvent les diverses humeurs.

    Gardez donc de donner, ainsi que dans Clélie,   115
L'air ni l'esprit français à l'antique Italie,
Et, sous des noms romains faisant notre portrait,
Peindre Caton galant et Brutus dameret[1].
Dans un roman frivole aisément tout s'excuse[2],
C'est assez qu'en courant la fiction amuse;   120
Trop de rigueur alors serait hors de saison
Mais la scène demande une exacte raison;
L'étroite bienséance y veut être gardée.

    D'un nouveau personnage inventez-vous l'idée,
Qu'en tout avec soi-même il se montre d'accord   125
Et qu'il soit jusqu'au bout tel qu'on l'a vu d'abord[3].
    Souvent, sans y penser, un écrivain qui s'aime
Forme tous ses héros semblables à soi-même[4] :

---

1. Caton ne figure pas dans la *Clélie*, mais Brutus, le vieux Brutus y a sa place, et comme tous les héros de ce roman, il veut plaire aux dames : il est *dameret*, aussi bien qu'Horatius Coclès, qui chante à l'écho des couplets langoureux.

2. Boileau n'excusait pas, même dans un roman, ces démentis effrontés donnés à la vérité de l'histoire et des mœurs. Il le prouve dans son spirituel *Dialogue des héros de roman* : mais il ne voulait pas affliger mademoiselle de Scudéry, ni heurter trop violemment les nombreux admirateurs qui lui restaient. Il protestait dans l'intimité, et laissait courir quelques copies de son dialogue satirique, qui ne fut imprimé que longtemps après la mort de mademoiselle de Scudéry.

3. Horace, *Art poétique*, vers 125 :

    Si quid inexpertum scenæ committis, et audes
    Personam formare novam, servetur ad imum
    Qualis ab incepto processerit, et sibi constet.

Boileau traduit à merveille ces trois vers; mais il ne pousse pas l'imitation plus loin, et s'arrête devant le suivant : *Difficile est proprie communia dicere*, que personne n'entendait de son temps. Dacier et le marquis de Sévigné, qui se sont disputés sur ce passage, voulaient tous deux donner cours à un contre-sens. Dumarsais a compris toute la pensée d'Horace, qui entend par *proprie dicere* l'individualité donnée aux traits généraux, *communia*, fournis par l'observation. Il s'agit de la création d'un type, ce qui est le suprême effort de l'art.

4. *Soi-même*, ici comme dans le vers 125, est parfaitement correct. La règle était, au xviie siècle, de mettre *soi* et non *lui* partout où les Latins auraient mis le pronom réfléchi de la troisième personne. En traduisant, on voit dans les deux passages que le poëte est à l'abri de toute critique. L'observation exprimée dans ces deux vers est d'une justesse parfaite. Le poëte dramatique ou épique doit se *déprendre* de soi-même, pour vivre de la vie du personnage qu'il met en scène. Le succès est à ce prix : l'homme de génie qui n'a pas ce désintéressement, et qui tient à se montrer (comme ont fait trop souvent Euripide et Voltaire dans la tragédie, et ce dernier constamment dans la comédie), ne saurait atteindre la vérité dramatique.

Tout a l'humeur gasconne en un auteur gascon ;
Calprenède et Juba parlent du même ton [1].   150
   La nature est en nous plus diverse et plus sage,
Chaque passion parle un différent langage :
La colère est superbe, et veut des mots altiers ;
L'abattement s'explique en des termes moins fiers.
   Que devant Troie en flamme Hécube désolée   135
Ne vienne pas pousser une plainte ampoulée,
Ni sans raison décrire en quel affreux pays
Par sept bouches l'Euxin reçoit le Tanaïs [2].
Tous ces pompeux amas d'expressions frivoles
Sont d'un déclamateur amoureux de paroles.   140
Il faut dans la douleur que vous vous abaissiez [3] :
Pour me tirer des pleurs il faut que vous pleuriez [4].
Ces grands mots dont alors l'acteur emplit sa bouche
Ne partent point d'un cœur que sa misère touche.
   Le théâtre, fertile en censeurs pointilleux,   145
Chez nous pour se produire est un champ périlleux.
Un auteur n'y fait pas de faciles conquêtes ;
Il trouve à le siffler des bouches toujours prêtes :
Chacun le peut traiter de fat et d'ignorant ;
C'est un droit qu'à la porte on achète en entrant [5].   150

1. Juba est un des héros de la *Cléopatre*, roman de la Calprenède.
Ce Gascon n'était pas sans mérite. Madame de Sévigné se reprochait de
le lire, mais elle ne pouvait s'en défendre.
  2. Allusion à ce vers de Sénèque, au début des *Troyennes*.

                Et qui frigidum
    Septena Tanaïm ora pandentem bibit, etc.

   On a relevé ici une légère erreur géographique. Ce n'est pas l'Euxin
ou la mer Noire qui reçoit le Tanaïs, c'est le Palus Méotide ou la mer
d'Azof.
  3. C'est le précepte d'Horace, *Art poétique*, vers 97 :

     Projicit ampullas et sesquipedalia verba,
     Si curat cor spectantis tetigisse querela.

En effet, le langage ampoulé, loin de toucher le cœur, dispose à la
moquerie.
  4. Ce précepte, ainsi généralisé, manque d'exactitude. Ni les pleurs
n'appellent pas toujours ses pleurs, ni ces signes de la douleur n'excitent
pas toujours la pitié. Horace est bien plus vrai lorsqu'il dit, *Art
poétique*, vers 103 :

         Si vis me flere, dolendum est
    Primum ipsi tibi.

En effet, c'est la douleur vraie du personnage, et non ses larmes, qu
émeuvent le spectateur.
  5. Ce vers proverbial ne fait pas toujours autorité. De nos jours, le
progrès des mœurs a introduit un usage opposé : le droit de siffler en
payant est tenu en échec par ceux qui sont payés pour applaudir. Au

Il faut qu'en cent façons, pour plaire, il se replie,
Que tantôt il s'élève et tantôt s'humilie ;
Qu'en nobles sentiments il soit partout fécond ;
Qu'il soit aisé, solide, agréable, profond ;
Que de traits surprenants sans cesse il nous réveille ;   155
Qu'il coure dans ses vers de merveille en merveille ;
Et que tout ce qu'il dit, facile à retenir,
De son ouvrage en nous laisse un long souvenir.
Ainsi la tragédie agit, marche et s'explique[1].
    D'un air plus grand encor, la poésie épique[2],   160
Dans le vaste récit d'une longue action,
Se soutient par la fable et vit de fiction[3].
Là pour nous enchanter tout est mis en usage ;
Tout prend un corps, une âme, un esprit, un visage.
Chaque vertu devient une divinité :   165
Minerve est la prudence, et Vénus la beauté[4] ;
Ce n'est plus la vapeur qui produit le tonnerre,
C'est Jupiter armé pour effrayer la terre ;
Un orage terrible aux yeux des matelots,
C'est Neptune en courroux qui gourmande les flots[5] ;   170

reste, cet usage n'est pas une nouveauté : il est renouvelé de Néron,
qui, d'après le témoignage de Suétone et de Tacite, a l'honneur de
l'invention.

1. *S'explique* est dans le sens du latin, et signifie se déploie, se
développe.

2. Cette transition rappelle celles du chant second, *d'un ton un
peu plus haut* (vers 58), et *l'ode avec plus d'éclat* (vers 56). Il est
bien difficile de varier les formes du langage ; c'est déjà beaucoup de
pouvoir les modifier de manière à ne pas mériter tout à fait le reproche d'uniformité. On sait, en effet, que

     L'ennui naquit un jour de l'uniformité.

3. L'étendue de l'épopée, désignée par les mots *vaste récit, longue
action*, est opposée aux bornes étroites de la tragédie. Toutefois l'étendue laisse subsister l'unité ; mais cette unité se développe plus librement dans le temps et le lieu étendus à l'image de l'action elle-même.
La *fable* et la *fiction* doivent s'entendre du merveilleux, qui est une
des conditions vitales de l'épopée.

4. Il semble que Boileau, après avoir dit *chaque vertu devient une
divinité*, aurait dû, dans le vers suivant, ne pas intervertir l'ordre des
idées, et nommer la vertu représentée avant la déesse qui la représente, et dire :

     La prudence est Minerve et Vénus la beauté.

Le second hémistiche aurait subsisté, en présentant une inversion qui
est de droit et d'ornement dans le style poétique. Dans les trois disti-
ques qui suivent, l'ordre indiqué par le vers 165 se retrouve ; il n'y a
exception que pour le vers 166, et c'est pour cela que nous en faisons
la remarque.

5. Quinze vers plus bas nous retrouvons *Neptune en courroux*. Le

Echo n'est plus un son qui dans l'air retentisse,
C'est une nymphe en pleurs qui se plaint de Narcisse.
Ainsi, dans cet amas de nobles fictions,
Le poëte s'égaye en mille inventions [1],
Orne, élève, embellit agrandit toutes choses,   175
Et trouve sous sa main des fleurs toujours écloses [2].
Qu'Énée et ses vaisseaux, par le vent écartés,
Soient aux bords africains d'un orage emportés,
Ce n'est qu'une aventure ordinaire et commune,
Qu'un coup peu surprenant des traits de la fortune :   180
Mais que Junon, constante en son aversion,
Poursuive sur les flots les restes d'Ilion,
Qu'Éole, en sa faveur, les chassant d'Italie,
Ouvre aux vents mutinés les prisons d'Éolie;
Que Neptune en courroux, s'élevant sur la mer,   185
D'un mot calme les flots, mette la paix dans l'air,
Délivre les vaisseaux, des syrtes les arrache [3] :
C'est là ce qui surprend, frappe, saisit, attache.
Sans tous ces ornements, le vers tombe en langueur,

mot *gourmande*, dans ce vers, paraît une allusion au rôle de Neptune dans la tempête du premier livre de *l'Enéide*; mais alors il gourmande les flots pour apaiser l'orage, et il n'est pas la personnification de la tempête. *Soulever* aurait été ici le mot propre.

1. Ces deux vers n'ont ni l'élégance ni la clarté de ceux qui précèdent et de ceux qui suivent. On ne voit pas bien comment un poëte *s'égaye en inventions dans un amas de fictions*. Les fictions étant données, il les emploie, et il n'invente rien. Il explique les faits naturels par un merveilleux consacré.

2. Ces *fleurs toujours écloses* seraient un simple ornement poétique assez vulgaire, si Platon, dans *l'Ion*, ne parlait pas des jardins des muses où les poëtes vont cueillir leurs fleurs dont ils embellissent leurs vers. C'est un privilége de l'inspiration divine, que Boileau désigne vaguement au début de son poëme par l'*influence secrète du ciel*; mais qui, chez le philosophe grec, est une croyance réfléchie et une théorie scientifique. Boileau n'avait guère conscience de ce phénomène, que Regnier a éprouvé et décrit en beaux vers, lorsqu'il dit, satire xv :

C'est alors que la verve insolemment m'outrage,
Que la raison forcée obéit à la rage,
Et que, sans nul respect des hommes et du lieu,
Il faut que j'obéisse aux fureurs de ce dieu.

3. Tous ces beaux vers sont inspirés par les passages suivants du premier livre de l'*Enéide* :

Necdum etiam causæ irarum sævique dolores
Exciderant animo.   (Vers 30).

Constante en son aversion,
Poursuive sur les flots les restes d'Ilion.

Jactatos æquore toto
Troas, relliquias Danaum atque immitis Achillei,
Arcebat longe Latio.   (Vers 33.)

La poésie est morte, ou rampe sans vigueur [1],   190
Le poëte n'est plus qu'un orateur timide,
Qu'un froid historien d'une fable insipide.

  C'est donc bien vainement que nos auteurs déçus,
Bannissant de leurs vers ces ornements reçus,
Pensent faire agir Dieu, ses saints et ses prophètes   195
Comme ces dieux éclos du cerveau des poëtes;
Mettent à chaque pas le lecteur en enfer;
N'offrent rien qu'Astaroth, Belzébuth, Lucifer [2].
De la foi d'un chrétien les mystères terribles
D'ornements égayés ne sont point susceptibles :   200
L'Évangile à l'esprit n'offre de tous côtés
Que pénitence à faire et tourments mérités,
Et de vos fictions le mélange coupable
Même à ces vérités donne l'air de la fable.
Et quel objet enfin à présenter aux yeux   205
Que le diable toujours hurlant contre les cieux,
Qui de votre héros veut rabaisser la gloire,
Et souvent avec Dieu balance la victoire !
  Le Tasse, dira-t-on, l'a fait avec succès.
Je ne veux point ici lui faire son procès :   210
Mais, quoi que notre siècle à sa gloire publie,
Il n'eût point de son livre illustré l'Italie,
Si son sage héros, toujours en oraison [3],
N'eût fait que mettre enfin Satan à la raison;
Et si Renaud, Argant, Tancrède et sa maîtresse   215
N'eussent de son sujet égayé la tristesse [4].

Ouvre aux vents mutinés les prisons d'Éolie.

             Cavum conversa cuspide montem
      Impulit in latus, ac venti, velut agmine facto,
        Qua data porta, ruunt.   (Vers 87.)

Et pour le rôle de Neptune :

             Graviter commotus, et alto
      Prospiciens, summa placidum caput extulit unda....
      Sic ait, et dicto citius tumida æquora placat,
      Collectasque fugat nubes, solemque reducit.
      Cymothoe, simul et Triton adnixus, acuto
      Detrudunt naves scopulo : levat ipse tridenti,
      Et vastas aperit Syrtes.

  1. Malgré cet arrêt, il peut y avoir, et il y a de poétiques descriptions de tempêtes sans intervention d'Eole ou de Neptune.
  2. Boileau, qui ne connaissait pas le poëme de Milton, et qui avait lu avec dégoût le *Clovis* et la *Pucelle*, était fondé à proscrire le merveilleux chrétien.
  3. Godefroy de Bouillon.
  4. Le sujet de la *Jérusalem délivrée* n'est point triste. Le succès d'une grande expédition, suscitée par l'esprit religieux, et accomplie par l'héroïsme, donne au poëte une matière vraiment épique. Mais Boileau a raison de voir le principal intérêt du poëme dans la variété

Ce n'est pas que j'approuve, en un sujet chrétien,
Un auteur follement idolâtre et païen [1];
Mais, dans une profane et riante peinture,
De n'oser de la Fable employer la figure,   220
De chasser les tritons de l'empire des eaux,
D'ôter à Pan sa flûte, aux Parques leurs ciseaux,
D'empêcher que Caron, dans la fatale barque,
Ainsi que le berger ne passe le monarque,
C'est d'un scrupule vain s'alarmer sottement   225
Et vouloir aux lecteurs plaire sans agrément [2].
Bientôt ils défendront de peindre la Prudence,
De donner à Thémis ni bandeau ni balance,
De figurer aux yeux la Guerre au front d'airain,
Ou le Temps qui s'enfuit une horloge à la main,   230
Et partout des discours, comme une idolâtrie,
Dans leur faux zèle iront chasser l'allégorie.
Laissons-les s'applaudir de leur pieuse erreur :
Mais, pour nous, bannissons une vaine terreur ;
Et, fabuleux chrétiens, n'allons point, dans nos songes,   235
Du Dieu de vérité faire un dieu de mensonge.
    La fable offre à l'esprit mille agréments divers ;
Là tous les noms heureux semblent nés pour les vers :
Ulysse, Agamemnon, Oreste, Idoménée,
Hélène, Ménélas, Pâris, Hector, Énée [3].   240

des caractères tracés par le Tasse, et dans les passions de ses personnages.

1. Boileau se refusait à ce mélange du sacré et du profane, qui
scandalise le goût et la piété, dans le poëme latin de Sannazar, *de
Partu Virginis*. On le trouve encore dans les *Lusiades* de Camoëns,
et à un certain degré dans le *Roland furieux* de l'Arioste.

2. Cette protestation en faveur de la mythologie, employée comme
ornement poétique, se trouve déjà dans ces vers de Corneille, traduits
du latin de Santeuil :

> Quoi ! bannir des enfers Proserpine et Pluton !
> Dire toujours le diable et jamais Alecton !
> Sacrifier Hécate et Diane à la Lune,
> Et dans son propre sein noyer le vieux Neptune !
> Un berger chantera ses déplaisirs secrets,
> Sans que la triste Écho répète ses regrets ! •
> Les bois autour de lui n'auront point de Dryades,
> L'air sera sans Zéphyrs, les fleuves sans Naïades !

Elle a été renouvelée par Voltaire dans son *Apologie de la fable*, et
de nos jours encore dans une ingénieuse épître en vers de M. Charles
de Lacretelle.

3. Boileau, dans sa quatrième épître, disait des noms de lieux de
la Grèce ce qu'il dit ici de ses héros :

> Il n'est plaine en ces lieux si sèche et si stérile
> Qui ne soit en beaux mots partout riche et fertile,
> Là plus d'un bourg fameux par son antique nom
> Vient offrir à l'oreille un agréable son.

O le plaisant projet d'un poëte ignorant
Qui de tant de héros va choisir Childebrand **1** !
D'un seul nom quelquefois le son dur ou bizarre
Rend un poëme entier ou burlesque ou barbare**2**.
   Voulez-vous longtemps plaire et jamais ne lasser,   245
Faites choix d'un héros propre à m'intéresser,
En valeur éclatant, en vertus magnifique;
Qu'en lui, jusqu'aux défauts, tout se montre héroïque
Que ses faits surprenants soient dignes d'être ouïs;
Qu'il soit tel que César, Alexandre ou Louis;   250
Non tel que Polynice et son perfide frère **3**.
On s'ennuie aux exploits d'un conquérant vulgaire.
   N'offrez point un sujet d'incidents trop chargé.
Le seul courroux d'Achille, avec art ménagé,
Remplit abondamment une Iliade entière **4** :   255
Souvent trop d'abondance appauvrit la matière.
   Soyez vif et pressé dans vos narrations;
Soyez riche et pompeux dans vos descriptions,
C'est là qu'il faut des vers étaler l'élégance :
N'y présentez jamais de basse circonstance **5**   260
N'imitez pas ce fou, qui, décrivant les mers **6**,
Et peignant, au milieu de leurs flots entr'ouverts,
L'Hébreu sauvé du joug de ses injustes maîtres,
Met, pour le voir passer, les poissons aux fenêtres **7**;

---

   1. Le malencontreux auteur signalé ici est Carel de Sainte-Garde. Childebrand est un des héros du poëme des *Sarrasins chassés*, qui devait avoir douze chants, et dont quatre seulement ont été publiés.

   2. La faiblesse ou le mérite d'un poëme ne tient pas à une cause de si peu d'importance.

   3. Polynice et son perfide frère figurent dans la *Thébaïde* de Stace, poëme qui n'est pas à mépriser, mais où aucun des personnages n'inspire d'intérêt.

   4. La colère d'Achille est le sujet de l'*Iliade* :

            Μῆνιν ἄειδε, θεὰ, κ. τ. λ.

Elle fait l'unité du poëme, où on la voit commencer, durer et finir. Tout part de ce point et s'y rattache. Les autres héros ne paraissent sur le premier plan que parce qu'Achille est absent, et son absence est une conséquence de son courroux.

   5. L'école que Boileau combat substituait l'inventaire à la peinture, et n'omettait aucun détail, au lieu de choisir quelques traits propres à éveiller l'imagination. C'est le vice des Saint-Amant, des Chapelain, des Scudéry. Les Italiens leur avaient donné l'exemple.

   6. Ce fou est Saint-Amant, auteur du *Moïse sauvé*. Les détails puérils relevés par Boileau se trouvent dans l'épisode du passage de la mer Rouge.

   7. Il n'y a point de *fenêtres* dans Saint-Amant, mais l'équivalent :

      Et là, près des remparts que l'œil peut transpercer,
      Les poissons ébahis le regardent passer.

Peint le petit enfant qui va, saute, revient,   265
Et joyeux à sa mère offre un caillou qu'il tient [1].
Sur de trop vains objets c'est arrêter la vue.
  Donnez à votre ouvrage une juste étendue.
Que le début soit simple et n'ait rien d'affecté.
N'allez pas dès l'abord, sur Pégase monté,   270
Crier à vos lecteurs d'une voix de tonnerre :
« Je chante le vainqueur des vainqueurs de la terre [2]. »
Que produira l'auteur après tous ces grands cris ?
La montagne en travail enfante une souris [3].
Oh ! que j'aime bien mieux cet auteur plein d'adresse,   275
Qui, sans faire d'abord de si haute promesse,
Me dit d'un ton aisé, doux, simple, harmonieux :
« Je chante les combats et cet homme pieux
« Qui, des bords phrygiens conduit dans l'Ausonie,
« Le premier aborda les champs de Lavinie [4]. »   280
Sa muse en arrivant ne met pas tout en feu,
Et, pour donner beaucoup, ne nous promet que peu [5];

---

1. Cette spirituelle parodie ne laisse pas soupçonner toute la puérilité et la platitude du passage de Saint-Amant. Voici ses vers :

> Là l'enfant éveillé courant sous la licence
> Que permet à son âge une libre innocence,
> Va, revient, tourne, saute, et par maint cri joyeux
> Témoignant le plaisir que reçoivent ses yeux,
> D'un étrange caillou qu'à ses pieds il rencontre
> Fait au premier venu la précieuse montre,
> Ramasse une coquille, et d'aise transporté,
> La présente à sa mère avec naïveté.

2. Ce vers est le début du poème d'*Alaric*, épopée de Scudéry en dix chants.

3. Horace, *Art poétique*, vers 136 :

> Nec sic incipies, ut scriptor cyclicus olim :
> *Fortunam Priami cantabo, et nobile bellum.*
> Quid dignum tanto feret hic promissor hiatu?
> Parturiunt montes, nascetur ridiculus mus.

Nous ne retrouvons dans Boileau ni *hic promissor*, ni même *tanto hiatu*.

4. Horace, *Art poétique*, vers 141 :

> Quanto rectius hic, qui nil molitur inepte!
> *Dic mihi, Musa, virum, captæ post tempora Trojæ,*
> *Qui mores hominum multorum vidit et urbes.*

Horace prend pour exemple et traduit, en le simplifiant un peu pour le besoin de sa cause, le début de l'*Odyssée*, Boileau celui de l'*Enéide*.

5. Ce *peu* est inexact. Virgile promet beaucoup, comme on l'a remarqué, mais il promet avec simplicité. Voici le vers d'Horace qui correspond à ceux de Boileau :

> Non fumum ex fulgore, sed ex fumo dare lucem
> Cogitat.

Bientôt vous la verrez, prodiguant les miracles [1],
Du destin des Latins prononcer les oracles.
De Styx et d'Achéron peindre les noirs torrents [2]   285
Et déjà les Césars dans l'Élysée errants [3].

    De figures sans nombre égayez votre ouvrage [4];
Que tout y fasse aux yeux une riante image :
On peut être à la fois et pompeux et plaisant [5],
Et je hais un sublime ennuyeux et pesant.   290
J'aime mieux Arioste et ses fables comiques
Que ces auteurs toujours froids et mélancoliques,

1. Horace, *Art poétique*, vers 144 :
        Ut speciosa dehinc miracula promat.

    2. Brossette, qui n'avait ni l'oreille délicate, ni le sens poétique, proposait à Boileau de dire *du Styx,* *de l'Achéron.* Boileau persista en alléguant que *de Styx et d'Achéron* est plus soutenu. Il n'en donne pas la raison. La différence tient à l'accentuation. Dans l'hémistiche de Boileau, *de* et *d'A* sont proclitiques et s'unissent rapidement aux syllabes qui suivent. Dans celui que propose Brossette, *du* et *de* recevraient l'accent et ralentiraient le mouvement métrique. De plus, *Styx*, n'étant plus suivi d'une voyelle, donnerait deux syllabes. Brossette propose en béotien; Boileau décide attiquement. M. Quicherat, dans son excellent *Traité de versification française,* œuvre de goût délicat et de profonde érudition, indique avec précision le rôle de l'accent tonique dans les vers français. Les rimeurs qui se contentent de compter les syllabes sans les évaluer font souvent des vers faux.

    3. Ce beau vers n'a-t-il pas inspiré Racine, lorsqu'il fait dire à Phèdre, acte III, scène I :
        Et mon âme déjà sur mes lèvres errante ?

    4. Le mot *égayer,* qui revient trop souvent dans ce chant de l'*Art poétique,* est ici mieux placé que dans les passages qui précèdent. Les figures de langage égayent réellement le style. Elles animent l'esprit, qu'elles frappent par la vue de l'objet qu'elles peignent ou qu'elles rappellent. L'imagination en est charmée, comme les yeux le sont par les fleurs qui émaillent une prairie. Au vers 200, on ne comprend pas bien l'expression d'*ornements égayés;* ils seraient plutôt *égayants,* ou même *gais.* Au vers 216, Renaud, Argant, Tancrède, Herminie *égayent* la tristesse du sujet, c'est-à-dire qu'ils y jettent de l'agrément et de la variété; mais le sujet n'étant pas *triste,* la métaphore n'est pas tout à fait juste. Quant au vers 174, où le poète *s'égaye* en mille inventions, on peut dire que le plaisir d'inventer, qui va jusqu'aux transports de l'âme, est faiblement caractérisé par le mot *égayer.* Il y a d'ailleurs un inconvénient à répéter ainsi quatre fois, presque coup sur coup, une expression qui ne peut point passer inaperçue.

    5. *Plaisant* signifiait encore *qui plaît,* et non qui *prétend à plaire,* ou *qui amuse.* C'est l'abus dans le désir et dans les moyens de plaire qui a limité l'acception de ce mot comme celle de *bel esprit.*

Qui dans leur sombre humeur se croiraient faire affront [1],
Si les grâces jamais leur déridaient le front.
   On dirait que pour plaire, instruit par la nature,   295
Homère ait à Vénus dérobé sa ceinture [2].
Son livre est d'agréments un fertile trésor :
Tout ce qu'il a touché se convertit en or [3];
Tout reçoit dans ses mains une nouvelle grâce ;
Partout il divertit, et jamais il ne lasse [4].   300
Une heureuse chaleur anime ses discours :
Il ne s'égare point en de trop longs détours.
Sans garder dans ses vers un ordre méthodique,
Son sujet de soi-même et s'arrange et s'explique ;
Tout, sans faire d'apprêts, s'y prépare aisément,   305
Chaque vers, chaque mot court à l'événement [5].
Aimez donc ses écrits, mais d'un amour sincère :
C'est avoir profité que de savoir s'y plaire [6].

1. On a remarqué la dureté de cet hémistiche, *se croiraient faire affront;* mais on n'a rien dit de la locution elle-même, qui manque de naturel et de propriété. En effet, on se déshonore, on s'avilit par des actes dont on rougit, mais on ne se fait pas d'affront à soi-même. Il est clair que Boileau, cette fois encore, et c'est un péché d'habitude, avait fait le second vers avant le premier, et que *front* a amené de force *affront*.

2. Alors Homère aurait repris son bien ; c'est lui qui avait donné à Vénus cette ceinture si riche en charmes séducteurs. *Iliade,* livre XIV, vers 215 :

> Ἔνθα δὲ οἱ θελκτήρια πάντα τέτυκτο,
> Ἔνθ'ἔνι μὲν φιλότης, ἐν δ'ἵμερος, ἐν δ'ὀαριστὺς,
> Πάρφασις, ἥτ' ἔκλεψε νόον πύκα περ φρονεόντων.

3. Ovide, *Métamorphoses,* livre XI, vers 102 :

> Quidquid
> Corpore contigero, fulvum vertatur in aurum.

C'est une propriété funeste à Midas. Le *Joueur* de Regnard se l'attribue également :

> Sous ses heureuses mains le cuivre devient or.

Dans Boileau, l'or n'est pas ce *vil métal,* mais la richesse immortelle de la pensée et du langage.

4. Racine s'est souvenu de ces deux vers charmants de son ami lorsqu'il fait dire à Assuérus, *Esther,* acte II, scène VII :

> Je ne trouve qu'en vous je ne sais quelle grâce
> Qui me charme toujours et jamais ne me lasse.

5. Horace, *Art poétique,* vers 148, signale cette rapidité comme un des traits du génie d'Homère :

> Semper ad eventum festinat.

6. Boileau détourne sur Homère l'éloge que Quintilien faisait de Cicéron, *Instit.,* livre X, chapitre I : *Ille se profecisse sciat cui Cicero valde placebit.*

Un poëme excellent, où tout marche et se suit,
N'est pas de ces travaux qu'un caprice produit :   310
Il veut du temps, des soins; et ce pénible ouvrage
Jamais d'un écolier ne fut l'apprentissage.
Mais souvent parmi nous un poëte sans art,
Qu'un beau feu quelquefois échauffa par hasard,
Enflant d'un vain orgueil son esprit chimérique,   315
Fièrement prend en main la trompette héroïque :
Sa muse, déréglée en ses vers vagabonds,
Ne s'élève jamais que par sauts et par bonds;
Et son feu, dépourvu de sens et de lecture,
S'éteint à chaque pas, faute de nourriture[1].   320
Mais en vain le public, prompt à le mépriser,
De son mérite faux le veut désabuser;
Lui-même, applaudissant à son maigre génie,
Se donne par ses mains l'encens qu'on lui dénie :
Virgile, au prix de lui, n'a point d'invention;   325
Homère n'entend point la noble fiction[2].
Si contre cet arrêt le siècle se rebelle,
A la postérité d'abord il en appelle :
Mais attendant qu'ici le bon sens de retour
Ramène triomphants ses ouvrages au jour,   330
Leurs tas au magasin, cachés à la lumière,
Combattent tristement les vers et la poussière[3];
Laissons-les donc entre eux s'escrimer en repos,
Et, sans nous égarer, suivons notre propos[4].
Des succès fortunés du spectacle tragique   335

---

1. On peut bien dire d'un feu qu'il s'éteint faute de nourriture,
parce qu'on nourrit, on alimente le feu; mais la figure qui nous le
représente dépourvu de sens et de lecture, ne manque-t-elle pas de
justesse, et ici, par surcroît, d'analogie? Voltaire a fort bien dit, sans
confusion d'images :

> L'âme est un *feu* qu'il faut *nourrir*,
> Et qui s'éteint s'il ne s'augmente.

2. Toutes ces assertions extravagantes sont de l'auteur de *Clovis*,
Desmaretz de Saint-Sorlin, qui dédaignait les poëtes de l'antiquité et
se mettait sans façon au-dessus d'eux.

3. L'idée de cette plaisanterie, aujourd'hui surannée, est dans Horace, livre II, épître dernière, vers 12 :

> Aut tineas pasces taciturnus inertes.

Horace est plus poétique. La destinée de ce livre, silencieusement
rongé des vers, est plus humiliante encore que le combat contre les
insectes et la poussière.

4. Le dernier hémistiche de ce vers manque d'élégance et de noblesse. C'est encore une malheureuse transition.

Dans Athènes naquit la comédie antique [1].
Là le Grec, né moqueur, par mille jeux plaisants [2],
Distilla le venin de ses traits médisants.
Aux accès insolents d'une bouffonne joie
La sagesse, l'esprit, l'honneur, furent en proie.   540
On vit par le public un poëte avoué
S'enrichir aux dépens du mérite joué [3],
Et Socrate par lui dans un chœur de *Nuées*
D'un vil amas de peuple attirer les huées [4].
Enfin de la licence on arrêta le cours :   545
Le magistrat des lois emprunta le secours,
Et, rendant par édit les poëtes plus sages,
Défendit de marquer les noms et les visages [5].
Le théâtre perdit son antique fureur;
La comédie apprit à rire sans aigreur,   550
Sans fiel et sans venin sut instruire et reprendre [6],
Et plut innocemment dans les vers de Ménandre.
Chacun, peint avec art dans ce nouveau miroir [7],

1. La comédie n'est pas née dans Athènes. C'est elle, et non la tragédie, qui fut promenée par les bourgades (en grec, κώμη), pour venir ensuite s'établir régulièrement à la ville, sur le théâtre, pendant les fêtes de Bacchus. C'est à Susarion que remonte cette heureuse folie. Mais lorsque la comédie n'était encore qu'une ébauche grossière, amusement des campagnes de l'Attique, le Sicilien Epicharme avait déjà produit des pièces régulières, qui ne furent pas inutiles aux Eupolis, aux Cratinus, aux Aristophane, les maîtres de la comédie antique.

2. Le Grec *né moqueur* ressemble fort au Français *né malin* du vers 182, chant II, page 203.

3. Ceci a tout l'air d'un anachronisme. En effet, on ne voit pas qu'Aristophane ait touché des droits d'auteur.

4. *Les Nuées* eurent un médiocre succès, et elles précédèrent de plus de vingt ans la mort de Socrate. Il faut laisser à Mélitus et à Anytus toute la responsabilité de ce meurtre juridique.

5. Dans cette histoire de la comédie, Boileau n'indique pas la période, fort courte il est vrai, qui sépare la comédie ancienne de la comédie moderne. Le genre intermédiaire qu'elle produisit s'appelle la comédie moyenne, qui retient de l'ancienne les sujets politiques en renonçant aux personnalités, et qui prépare, au moins par la décence du ton, la comédie nouvelle, peinture réelle de la vie privée.

6. Horace, *Art poétique*, vers 281 :

> Successit vetus his comœdia, non sine multa
> Laude : sed in vitium libertas excidit, et vim
> Dignam lege regi : lex est accepta, chorusque
> Turpiter obticuit sublato jure nocendi.

7. Ménandre nous est connu seulement par de courts fragments et par son imitateur latin Térence, que César appelle un demi-Ménandre, *dimidiatus Menander*. La perte de ce poëte, si universellement goûté, est la plus regrettable entre celles que déplorent les admirateurs de l'antiquité.

S'y vit avec plaisir, ou crut ne s'y point voir :
L'avare, des premiers, rit du tableau fidèle   355
D'un avare souvent tracé sur son modèle ;
Et mille fois un fat, finement exprimé,
Méconnut le portrait sur lui-même formé.

Que la nature donc soit votre étude unique,
Auteurs qui prétendez aux honneurs du comique.   360
Quiconque voit bien l'homme, et, d'un esprit profond,
De tant de cœurs cachés a pénétré le fond,
Qui sait bien ce que c'est qu'un prodigue, un avare,
Un honnête homme, un fat, un jaloux, un bizarre,
Sur une scène heureuse il peut les étaler   365
Et les faire à nos yeux vivre, agir et parler.
Présentez-en partout les images naïves ;
Que chacun y soit peint des couleurs les plus vives.
La nature, féconde en bizarres portraits,
Dans chaque âme est marquée à de différents traits ;   370
Un geste la découvre, un rien la fait paraître :
Mais tout esprit n'a pas des yeux pour la connaître.

Le temps, qui change tout, change aussi nos humeurs ;
Chaque âge a ses plaisirs, son esprit et ses mœurs[1].
Un jeune homme, toujours bouillant dans ses caprices,   375
Est prompt à recevoir l'impression des vices,
Est vain dans ses discours, volage en ses désirs,
Rétif à la censure, et fou dans les plaisirs[2].
L'âge viril, plus mûr, inspire un air plus sage,
Se pousse auprès des grands, s'intrigue, se ménage,   380
Contre les coups du sort songe à se maintenir,

---

1. Horace, *Art poétique*, vers 156 :

> Ætatis cujusque notandi sunt tibi mores,
> Mobilibusque decor naturis dandus et annis.

2. Dans cette peinture du jeune homme, Boileau ne reproduit pas
tous les traits fournis par Horace, vers 161 :

> Imberbis juvenis, tandem custode remoto,
> Gaudet equis canibusque et aprici gramine campi ;
> Cereus in vitium flecti, monitoribus asper,
> Utilium tardus provisor, prodigus æris,
> Sublimis cupidusque, et amata relinquere pernix.

Notre vieux Regnier, satire v, paraphrase ce que Boileau a écourté :

> Croissant l'âge en avant, sans soin de gouverneur,
> Relevé, courageux, et cupide d'honneur,
> Il se plaist aux chevaux, aux chiens, à la campaigne,
> Facile au vice, il hait les vieux et les desdaigne,
> Rude à qui le reprend, paresseux à son bien.
> Prodigue, dépensier, il ne conserve rien,
> Hautain, audacieux, conseiller de soi-même,
> Et d'un cœur obstiné se heurte à ce qu'il aime.

Ét loin dans le présent regarde l'avenir [1].
La vieillesse chagrine incessamment amasse,
Garde, non pas pour soi, les trésors qu'elle entasse,
Marche en tous ses desseins d'un pas lent et glacé,   385
Toujours plaint le présent et vante le passé ;
Inhabile aux plaisirs dont la jeunesse abuse,
Blâme en eux les douceurs que l'âge lui refuse [2].
    Ne faites point parler vos acteurs au hasard,
Un vieillard en jeune homme, un jeune homme en vieillard [3]. 390

1. Horace, *Art poétique*, vers 166 :

> Conversis studiis, ætas animusque virilis
> Quærit opes et amicitias, inservit honori,
> Commisisse cavet, quæ mox mutare laboret.

Ici Boileau lutte avec quelque avantage contre Horace, qui contient le germe de ce beau vers :

> Et loin dans le présent regarde l'avenir.

Écoutons maintenant Regnier, imitateur naturel et toujours heureux :

> L'âge au soin se tournant, homme fait il acquiert
> Des biens et des amis, si le temps le requiert ;
> Il masque ses discours comme sur un théâtre,
> Subtil, ambitieux, l'honneur il idolâtre ;
> Son esprit avisé prévient le repentir.
> Et se garde d'un lieu difficile à sortir.

2. Horace fait ainsi le portrait du vieillard, *Art poétique*, vers 169 :

> Multa senem circumveniunt incommoda, vel quod
> Quærit et inventis miser abstinet, ac timet uti,
> Vel quod res omnes timide gelideque ministrat,
> Dilator, spe longus, iners, avidusque futuri,
> Difficilis, querulus, laudator temporis acti
> Se puero, censor castigatorque minorum.

Le trait piquant qui termine l'imitation de Boileau, *que l'âge lui refuse*, n'est pas dans Horace. Regnier peint en maître le même portrait, et les détails précis qu'il y ajoute prouvent que sa jeunesse déréglée avait souffert impatiemment les leçons chagrines des vieillards :

> Maints fâcheux accidents surprennent sa vieillesse :
> Soit qu'avec du soucy gaignant de la richesse,
> Il s'en défend l'usage, et craint de s'en servir,
> Que tant plus il en a, moins s'en peut assouvir,
> Ou soit qu'avec froideur il fasse toute chose
> Imbécille, douteux, qui voudrait et qui n'ose,
> Dilayant, qui toujours a l'œil sur l'avenir :
> De léger il n'espère et croit au souvenir.
> Il parle de son temps, difficile et sévère,
> Censurant la jeunesse use des droits de père.
> Il corrige, il reprend, hargneux en ses façons ;
> Et veut que tous ses mots soient autant de leçons.

3. Horace, *Art poétique* vers 176 :

> Ne forte seniles
> Mandentur juveni partes, pueroque viriles.
> Semper in adjunctis ævoque morabitur aptis.

Étudiez la cour et connaissez la ville;
L'une et l'autre est toujours en modèle fertiles.
C'est par là que Molière, illustrant ses écrits,
Peut-être de son art eût remporté le prix [1],
Si, moins ami du peuple, en ses doctes peintures   395
Il n'eût point fait souvent grimacer ses figures,
Quitté, pour le bouffon, l'agréable et le fin
Et sans honte à Térence allié Tabarin [2].
Dans ce sac ridicule où Scapin s'enveloppe [3],
Je ne reconnais plus l'auteur du Misanthrope.   400
    Le comique, ennemi des soupirs et des pleurs,
N'admet point en ses vers de tragiques douleurs [4];
Mais son emploi n'est pas d'aller dans une place
De mots sales et bas charmer la populace :
Il faut que ses acteurs badinent noblement;   405
Que son nœud bien formé se dénoue aisément;

    1. Cet étrange *peut-être*, qui conteste à Molière le prix de la comé-
die, se comprendrait si l'auteur du *Tartufe* eût mêlé dans ses chefs-
d'œuvre le bouffon au comique noble; mais ne l'ayant point fait, on
ne voit pas par quelle contagion *les Fourberies de Scapin*, *Georges Dan-
din* ou *la Comtesse d'Escarbagnas*, pourraient aller corrompre la
beauté dans les pièces où elle se trouve sans mélange, et enlever ainsi
obliquement à Molière cette supériorité qu'aucun poëte comique ne
peut lui disputer.
    2. Cette alliance se trouve, en effet, dans *les Fourberies de Sca-
pin*, dont le sujet est tiré du *Phormion* de Térence, et où se trouve
la scène du sac, emprunté à la *Francisquine*, farce de Tabarin. *Les
Fourberies de Scapin* n'en sont pas moins une comédie fort diver-
tissante, que Molière seul pouvait écrire; et, d'ailleurs, comment les
torts de Scapin peuvent-ils altérer la perfection du *Misanthrope?* Il y
a dans ce passage confusion d'idées.
    3. Brossette, tout en reconnaissant que Boileau a réellement écrit
s'enveloppe, aurait préféré *l'enveloppe*. Un critique (P. Lami, *Obser-
vations sur la tragédie romantique*) a proposé de nos jours de lire
ce passage non pas comme Boileau l'a écrit, mais selon la préférence
de Brossette, et M. Daunou se rallie à cet amendement. Ce serait alors
une allusion à Molière acteur, jouant le rôle de Géronte, et enfermé
dans un sac par Scapin. Il y aurait dans cette hypothèse une nouvelle
confusion d'idées, par le brusque passage du poëte à l'acteur. Boileau
ne serait pas justifié, et le texte envelopperait d'obscurité une idée
disparate. On doit maintenir la leçon autorisée par toutes les éditions
faites sous les yeux de Boileau. Le poëte a voulu dire que le sac que
porte Scapin, et où il enferme Géronte, n'est pas un jeu de scène
digne de l'auteur du *Misanthrope*, et il eût mieux fait de ne pas le
dire. Remarquons que l'hémistiche *où Scapin s'enveloppe* n'a jamais
pu signifier, même au figuré, que Scapin entrât dans le sac. L'acteur
chargé de ce rôle jetait sans doute ce sac, en manière de manteau, sur
ses épaules avant d'y enfermer sa dupe.
    4. On voit, par ces vers, que Boileau se déclare par anticipation
contre la comédie larmoyante, que la Chaussée mit plus tard à la

Que l'action, marchant où la raison la guide,
Ne se perde jamais dans une scène vide;
Que son style humble et doux se relève à propos;
Que ses discours, partout fertiles en bons mots,   410
Soient pleins de passions finement maniées,
Et les scènes toujours l'une à l'autre liées [1].
Aux dépens du bon sens gardez de plaisanter :
Jamais de la nature il ne faut s'écarter.
Contemplez de quel air un père dans Térence   415
Vient d'un fils amoureux gourmander l'imprudence [2];
De quel air cet amant écoute ses leçons
Et court chez sa maîtresse oublier ces chansons.
Ce n'est pas un portrait, une image semblable :
C'est un amant, un fils, un père véritable [3].   420
   J'aime sur le théâtre un agréable auteur
Qui, sans se diffamer aux yeux du spectateur,
Plaît par la raison seule, et jamais ne la choque.
Mais pour un faux plaisant, à grossière équivoque [4],
Qui, pour me divertir, n'a que la saleté,   425
Qu'il s'en aille, s'il veut, sur deux tréteaux monté,
Amusant le pont Neuf de ses sornettes fades,
Aux laquais assemblés jouer ses mascarades.

mode. Voltaire, qui a cédé à la contagion dans *Nanine* et *l'Enfant
prodigue*, n'en a pas moins ridiculisé ce genre mixte par les vers
suivants :

Souvent je bâille au tragique bourgeois,
Aux vains efforts d'un auteur amphibie,
Qui défigure et qui brave à la fois,
Dans son jargon, Melpomène et Thalie.

1. Toutes ces règles de la comédie sont aussi justes que bien
exprimées.

2. Boileau désigne ici le Simon de *l'Andrienne*, et le Deméa des
Adelphes. Horace parle aussi d'un père de Térence dans ce vers de
l'Art poétique :

Iratusque Chremes tumido delitigat ore.

3. Cette admiration pour Térence nous donne le secret de la restriction que Boileau vient de mettre à l'éloge de Molière. Boileau pré-
férait Térence à notre grand comique, par la même raison qui portait
le bon la Fontaine à se placer au-dessous de Phèdre. Au XVIIᵉ siècle,
l'admiration des anciens était un culte.

4. L'équivoque grossière réussissait encore dans les pièces de Mont-
fleury et de Poisson. C'est à ces deux auteurs que Boileau fait allusion.

CHANT IV[1]

Dans Florence jadis vivait un médecin[2],
Savant hâbleur, dit-on, et célèbre assassin.
Lui seul y fit longtemps la publique misère :
Là le fils orphelin lui redemande un père[3] ;
Ici le frère pleure un frère empoisonné ;   5
L'un meurt vide de sang, l'autre plein de séné[4] ;
Le rhume à son aspect se change en pleurésie,
Et par lui la migraine est bientôt frénésie.
Il quitte enfin la ville, en tous lieux détesté.
De tous ses amis morts un seul ami resté[5]   10

1. Le quatrième chant est un complément moral des préceptes de
goût donné dans les précédents. La critique y garde une place ; mais
l'auteur s'occupe surtout de la dignité du poëte et de son caractère,
qui doit être à la hauteur de la poésie, dont les hommes se sont
servis d'abord pour consacrer et propager des vérités immortelles.

2. Boileau place la scène à Florence, parce qu'il sait bien que le
lecteur sera charmé de la ramener de lui-même à Paris. L'application
était facile. Les succès du médecin Claude Perrault comme architecte
ne permettaient pas de doute. Seulement, ses homicides étaient moins
manifestes que ses chefs-d'œuvre. Perrault prit mal cette plaisanterie,
qui s'envenima en querelle, et Boileau eut le tort, après avoir comi-
quement exagéré les méfaits médicaux de son adversaire, de lui con-
tester la création des monuments d'architecture qui l'ont immorta-
lisé. La colonnade du Louvre, quoique Boileau ait affirmé le contraire,
est bien réellement l'œuvre de Claude Perrault. Claude n'est pas le
seul des Perrault qui ait eu maille à partir avec Boileau ; son frère,
Charles Perrault, dans la querelle des anciens et des modernes, reçut
du satirique bien des traits mordants.

3. Voltaire, *Henriade*, chant IV, vers 185, transporte dans le genre
sérieux la plaisante énumération de Boileau :

> Ici la fille en pleurs lui redemande un père,
> Là le frère effrayé pleure au tombeau d'un frère.

4. Il est difficile d'imaginer une antithèse plus piquante. Le médecin de Florence emploie, au profit de la mort, les deux systèmes qui
partageaient alors les médecins : les uns procédant exclusivement par
la saignée, les autres par les purgatifs.

5. Tous les autres avaient été tués d'amitié et par préférence, pla-
cés qu'ils étaient sous la main du docteur. Boileau est en verve, et
nulle part il n'a plaisanté plus agréablement.

Le mène en sa maison de superbe structure.
C'était un riche abbé, fou de l'architecture.
Le médecin d'abord semble né pour cet art,
Déjà de bâtiments parle comme Mansart[1] :
D'un salon qu'on élève il condamne la face ;   15
Au vestibule obscur il marque une autre place ;
Approuve l'escalier tourné d'autre façon.
Son ami le conçoit, et mande son maçon.
Le maçon vient, écoute, approuve et se corrige.
Enfin, pour abréger un si plaisant prodige,   20
Notre assassin renonce à son art inhumain ;
Et désormais, la règle et l'équerre à la main,
Laissant de Galien la science suspecte[2],
De méchant médecin devient bon architecte[3].

    Son exemple est pour nous un précepte excellent.   25
Soyez plutôt maçon, si c'est votre talent,
Ouvrier estimé dans un art nécessaire,
Qu'écrivain du commun et poëte vulgaire[4].
Il est dans tout autre art des degrés différents :
On peut avec honneur remplir les seconds rangs[5] ;   30
Mais, dans l'art dangereux de rimer et d'écrire,
Il n'est point de degrés du médiocre au pire[6] ;

1. Il y eut deux architectes célèbres de ce nom sous Louis XIV : François Mansart (1598-1666), et son neveu Jules Mansart, mort en 1708, qui construisit le château de Versailles et l'hôtel des Invalides.

2. Galien, né à Pergame l'an 131 de l'ère chrétienne, est le plus célèbre des successeurs d'Hippocrate. Écrivain et praticien habile, il fut le médecin de l'empereur Marc Aurèle, et composa en grec un grand nombre d'ouvrages fort estimés.

3. Tout ce préambule épisodique est un modèle de récit, d'élégante versification et de plaisanterie. On ne pouvait mettre plus agréablement en relief l'importante vérité, qu'il ne faut pas se méprendre sur sa vocation.

4. On ne peut pas trop répéter combien la pratique de tout métier est honorable, et quelle contradiction il y a entre l'art et la médiocrité.

5. Horace, *Art poétique*, vers 369 :

> Certis medium et tolerabile rebus
> Recte concedi. Consultus juris et actor
> Causarum mediocris abest virtute diserti
> Messalæ nec scit quantum Cascellius Aulus :
> Sed tamen in pretio est.

6. Horace est du même avis, *Art poétique*, vers 372 :

> Mediocribus esse poetis
> Non homines, non di, non concessere columnæ.

Malgré cette triple défense des hommes, des dieux et des colonnes, la médiocrité n'en a pas moins produit un déluge de vers. Boileau, après le vers : *Il n'est point*, etc., avait essayé de reproduire l'éner

Qui dit froid écrivain, dit détestable auteur.
Boyer est à Pinchêne égal pour le lecteur;
On ne lit guère plus Rampale et Ménardière   35
Que Magnon, du Souhait, Corbin et La Morlière[1].
Un fou du moins fait rire, et peut nous égayer;
Mais un froid écrivain ne sait rien qu'ennuyer.
J'aime mieux Bergerac et sa burlesque audace[2]
Que ces vers où Motin se morfond et nous glace[3].   40

gie poétique de ce trait d'Horace : *Non concessere columnæ*. Il avait
dit, au lieu des quatre vers qu'on lit maintenant :

> Les vers ne souffrent point de médiocre auteur,
> Ses écrits en tous lieux sont l'effroi du lecteur,
> Contre eux dans le Palais les boutiques murmurent,
> Et les ais chez Bilaine à regret les endurent.

Il y avait de bonnes raisons pour sacrifier le premier distique de ce
quatrain; mais le second est à regretter, d'autant plus qu'il nous aurait épargné l'énumération des Rampale et consorts, dont on n'a rien
à dire, sinon qu'ils étaient de détestables écrivains.

1. Horace, avec son bon sens habituel, donne la raison décisive qui
proscrit les vers médiocres. C'est qu'on peut se passer de vers, et que
tout ce qui est de luxe doit être excellent, *Art poétique*, vers 374

> Ut gratas inter mensas symphonia discors,
> Et crassum unguentum, et Sardo cum melle papaver
> Offendunt : *poterat duci quia cœna sine istis.*

2. Cyrano de Bergerac ne manquait ni d'originalité ni de verve;
mais il n'avait ni bon sens ni goût. *Le Pédant joué*, qu'il composa à
dix-sept ans, lorsqu'il était encore sur les bancs, et pour se venger de
Granger, principal du collège de Beauvais, abonde en situations, en
traits et en caractères comiques; mais partout il dépasse le but. Molière, qui l'avait connu chez Gassendi, où ils étudièrent ensemble la
philosophie, lui a emprunté deux des meilleures scènes des *Fourberies de Scapin*. Il a aussi quelques vers bien frappés, et au moins
une belle scène dans sa tragédie d'*Agrippine*, et le caractère de Séjan
est fortement tracé. Son *Voyage à la lune* et son excursion dans les
États du soleil n'ont pas été inutiles à Voltaire pour *Micromégas*, ni
à Swift pour *Gulliver*. Il était fort brave, et volontiers querelleur. Sa
tête, qui n'avait jamais été fort saine, se dérangea tout à fait dans les
derniers temps de sa vie, qui fut fort courte. Il avait environ trente-
cinq ans lorsqu'il mourut en 1655.

3. Motin était un ami de Regnier; il a fait quelques odes lyriques,
et plusieurs pièces, au moins légères, où l'on trouve toute autre chose
que de la froideur. On ne voit pas pourquoi Boileau est allé prendre le
nom de cet auteur, mort en 1615 et depuis longtemps oublié. Le savant Baillet, qui a connu Boileau chez M. de Lamoignon, dont il était
le bibliothécaire, affirme que Motin est ici pour Cotin. Il est probable
que l'analogie du nom et le malin plaisir de faire penser à Cotin, sans
le nommer, auront déterminé Boileau: cependant il s'en défendit plus
tard auprès de Brossette. Quoi qu'il en soit, il faut savoir gré au poète
de n'avoir pas ramené authentiquement dans l'*Art poétique* cet éter-
nel Cotin :

Misérable victime
Immolée au bon sens et souvent à la rime.

Ne vous enivrez point des éloges flatteurs
Qu'un amas quelquefois de vains admirateurs
Vous donne en ces réduits, prompts à crier : Merveille [1] !
Tel écrit récité se soutient à l'oreille
Qui, dans l'impression au grand jour se montrant,   45
Ne soutient pas des yeux le regard pénétrant.
On sait de cent auteurs l'aventure tragique,
Et Gombaud tant loué garde encor la boutique [2].
    Écoutez tout le monde, assidu consultant :
Un fat quelquefois ouvre un avis important [3].   50
Quelques vers toutefois qu'Apollon vous inspire,
En tous lieux aussitôt ne courez pas les lire.
Gardez-vous d'imiter ce rimeur furieux
Qui, de ses vains écrits lecteur harmonieux,
Aborde en récitant quiconque le salue   55
Et poursuit de ses vers les passants dans la rue [4].
Il n'est temple si saint des anges respecté
Qui soit contre sa muse un lieu de sûreté.
Je vous l'ai déjà dit : aimez qu'on vous censure [5],
Et, souple à la raison, corrigez sans murmure;   60
Mais ne vous rendez pas dès qu'un sot vous reprend
    Souvent dans son orgueil un subtil ignorant
Par d'injustes dégoûts combat toute une pièce,
Blâme des plus beaux vers la noble hardiesse.
On a beau réfuter ses vains raisonnements,   65

1. Ces réduits sont les ruelles des alcôves de précieuses dont le diapason admiratif nous est donné par Molière dans la seconde scène du troisième acte des *Femmes savantes.*

2. Voyez sur Gombaud, page 199, note 5.

3. Ce vers proverbial se trouve être la traduction d'un vers grec cité par Macrobe, *Saturn.* VI, 7.

Πολλάκι γὰρ καὶ μῶρος ἀνὴρ μάλα καίριον εἶπεν

4. Librement imité d'Horace, *Art poétique*, vers 472-475 :

. . . Certe furit . . .
Indoctum doctumque fugat recitator acerbus:
Quem vero arripuit, tenet, occiditque legendo.

Martial signale le même ridicule, livre III, épigr. 4 :

Et stanti legis et legis sedenti.
In thermas fugio; sonas ad aurem.

Boileau désigne dans ce passage Charles Duperrier, qui, après avoir fait d'assez bons vers latins, s'était mis à en composer de français qui ne valaient rien du tout, et qu'il récitait avec acharnement à qui voulait ou ne voulait pas l'entendre.

5. Au premier chant du poëme, vers 192 :

Aimez qu'on vous conseille et non pas qu'on vous loue.

Son esprit se complaît dans ses faux jugements ;
Et sa faible raison, de clarté dépourvue,
Pense que rien n'échappe à sa débile vue.
Ses conseils sont à craindre ; et si vous les croyez,
Pensant fuir un écueil, souvent vous vous noyez.   70
    Faites choix d'un censeur solide et salutaire,
Que la raison conduise et le savoir éclaire,
Et dont le crayon sûr d'abord aille chercher
L'endroit que l'on sent faible, et qu'on se veut cacher [2].
Lui seul éclaircira vos doutes ridicules,   75
De votre esprit tremblant lèvera les scrupules.
C'est lui qui vous dira par quel transport heureux
Quelquefois dans sa course un esprit vigoureux,
Trop resserré par l'art, sort des règles prescrites,
Et de l'art même apprend à franchir leurs limites [3].   80
Mais ce parfait censeur se trouve rarement :
Tel excelle à rimer qui juge sottement ;
Tel s'est fait par ses vers distinguer dans la ville,

---

1. Molière avait tracé, *Misanthrope*, acte II, scène v, un portrait
analogue :

> Depuis que dans la tête il s'est mis d'être habile,
> Rien ne touche son goût, tant il est difficile ;
> Il veut voir des défauts à tout ce qu'on écrit,
> Et pense que louer n'est pas d'un bel esprit,
> Que c'est être savant que trouver à redire ;
> Qu'il n'appartient qu'aux sots d'approuver et de rire,
> Et qu'en n'approuvant rien des ouvrages du temps,
> Il se met au-dessus de tous les autres gens.

2. Boileau révèle ici la plus dangereuse des tromperies de la faiblesse et de l'amour-propre chez les écrivains. Il met le doigt sur la
plaie. On veut se cacher à soi-même les écarts et les défaillances de
son esprit. De là la nécessité d'être redressé et fortifié par l'autorité
d'un censeur

> Que la raison conduise et le savoir éclaire.

Boileau, qui était pour d'autres ce censeur *solide et nécessaire*, avait
le sien dans l'inexorable Patru, dont la sévérité faisait dire à Racine
et à Boileau, dans leurs consultations mutuelles, en jouant sur les
mots d'un proverbe latin : *Ne sis Patruus mihi*. Au reste, Patru, bon
juge des détails, se montrait trop timoré devant les projets qui décon-
certaient sa prudence. C'est ainsi que, s'autorisant de raisons spé-
cieuses, il détournait la Fontaine de faire des fables après Phèdre, et
Boileau lui-même de composer un *Art poétique* après Horace.

3. C'est sur une critique de Desmaretz que Boileau mit dans ce vers
leurs limites au lieu de *les limites*, qu'il avait d'abord écrit. En
effet, les hardiesses du génie ne franchissent pas, elles reculent les
limites de l'art ; mais elles franchissent réellement celles des règles.
Les règles littéraires, fondées sur l'expérience heureuse des grands
écrivains, sont, comme les théories de la science, à la merci des faits
nouveaux qui révèlent de nouvelles formes du beau et de nouveaux
moyens de le réaliser.

Qui jamais de Lucain n'a distingué Virgile [1].

Auteurs, prêtez l'oreille à mes instructions.   85
Voulez-vous faire aimer vos riches fictions,
Qu'en savantes leçons votre muse fertile
Partout joigne au plaisant le solide et l'utile [2].
Un lecteur sage fuit un vain amusement,
Et veut mettre à profit son divertissement.   90
Que votre âme et vos mœurs, peintes dans vos ouvrages [3],
N'offrent jamais de vous que de nobles images.
Je ne puis estimer ces dangereux auteurs
Qui, de l'honneur, en vers, infâmes déserteurs,
Trahissant la vertu sur un papier coupable [4],   95
Aux yeux de leurs lecteurs rendent le vice aimable [5].

---

1. Ce trait fait allusion à Corneille; mais Corneille distinguait Lucain de Virgile, et c'était pour préférer Lucain. Il suffit de lire *Pompée* pour en être assuré. Au reste, nous avons sur ce point le témoignage de l'évêque d'Avranches, Huet, devant qui le grand et sincère Corneille exprima naïvement cette singulière préférence.

2. Horace, *Art poétique*, vers 343:

> Omne tulit punctum qui miscuit utile dulci,
> Lectorem delectando pariterque monendo.

3. Ce vers, correct aujourd'hui, a recélé longtemps un solécisme, que ni Boileau, ni ses amis, ni ses ennemis, ces grands dépisteurs de fautes, n'avaient aperçu, trente ans durant. Dans toutes les éditions de l'*Art poétique*, jusqu'à celle de 1701 inclusivement, on lisait:

> Que votre âme et vos mœurs peints dans tous vos ouvrages.

Boileau écrit à Brossette (Auteuil, 3 juillet 1705): « M. Gibert, du collége des Quatre-Nations, est le premier qui m'a fait apercevoir de cette faute depuis ma dernière édition... Mais pourrez-vous bien concevoir ce que je vais vous dire, qui est pourtant très-véritable: que cette faute, si aisée à apercevoir, n'a pourtant été aperçue ni de moi, ni de personne avant M. Gibert, depuis plus de trente ans qu'il y a que mes ouvrages ont été imprimés pour la première fois; que M. Patru, c'est-à-dire le Quintilius de notre siècle, qui revit exactement ma Poétique, ne s'en avisa point, et que dans tout ce flot d'ennemis qui a écrit contre moi, et qui m'a chicané jusqu'aux points et aux virgules, il ne s'en est point rencontré un seul qui l'ait remarquée... Cela fait bien voir qu'il faut non-seulement montrer ses ouvrages à beaucoup de gens avant que de les faire imprimer, mais que même, après qu'ils sont imprimés, il faut s'enquérir curieusement des critiques qu'on y fait. »

4. Boileau a déjà dit avec non moins de hardiesse *diffamer le papier*. Il est inépuisable dans sa haine des livres immoraux et des méchants livres.

5. Il n'est pas probable, quoi que dise Brossette, que Boileau ait eu en vue la Fontaine. Après avoir commenté et loué un des contes, et ce n'est pas le moins libre de ce poëte, il n'aurait pas été reçu à le traiter aussi rigoureusement. C'est déjà bien assez d'avoir omis l'au-

Je ne suis pas pourtant de ces tristes esprits
Qui, bannissant l'amour de tous chastes écrits,
D'un si riche ornement veulent priver la scène,
Traitent d'empoisonneurs et Rodrigue et Chimène [1].   100
L'amour le moins honnête, exprimé chastement,
N'excite point en nous de honteux mouvement :
Didon a beau gémir et m'étaler ses charmes,
Je condamne sa faute en partageant ses larmes.
Un auteur vertueux, dans ses vers innocents,   105
Ne corrompt point le cœur en chatouillant les sens;
Son feu n'allume point de criminelle flamme [2].
Aimez donc la vertu, nourrissez-en votre âme :
En vain l'esprit est plein d'une noble vigueur;
Le vers se sent toujours des bassesses du cœur [3].   110
    Fuyez surtout, fuyez ces basses jalousies,
Des vulgaires esprits malignes frénésies.
Un sublime écrivain n'en peut être infecté;
C'est un vice qui suit la médiocrité.
Du mérite éclatant cette sombre rivale   115
Contre lui chez les grands incessamment cabale,
Et, sur les pieds en vain tâchant de se hausser,
Pour s'égaler à lui cherche à le rabaisser.
Ne descendons jamais dans ces lâches intrigues :
N'allons point à l'honneur par de honteuses brigues [4].   120
    Que les vers ne soient pas votre éternel emploi.
Cultivez vos amis, soyez homme de foi;
C'est peu d'être agréable et charmant dans un livre :
Il faut savoir encore et converser et vivre [5].

teur des *Fables;* ce serait trop de le flétrir dans un poëme où il aurait dû avoir une place d'honneur.

1. Boileau se sépare ici de ses amis de Port-Royal. C'est Nicole qui,
dans ses *Visionnaires*, a traité les poëtes dramatiques d'empoisonneurs non des corps, mais des âmes, injure que Racine, de son côté,
releva aigrement et repoussa avec amertume.

2. Cette théorie judicieuse indique de quelle manière les poëtes
qui se respectent doivent traiter les passions. Ce passage est une
apologie de Racine.

3. Sénèque, épître cxiv, exprime une idée analogue : *Non est alius
ingenio, alius animo color.*

4. Racine et Boileau avaient eu bien de lâches intrigues à déjouer.
Leur talent et la faveur dont ils jouissaient excitaient doublement la
jalousie de ces pauvres auteurs que le public s'habituait à siffler et
que la cour délaissait.

5. La leçon est bonne; mais elle ne s'applique pas, comme on l'a
dit, à la Fontaine, qui savait être aimable à ses heures et qui plai-
sait fort à ceux qui ne l'ennuyaient pas. On a accusé Boileau lui-
même de ne savoir parler que vers, et de parler surtout des siens:
ce qui n'est pas plus juste que l'application faite de ce passage à la
Fontaine.

Travaillez pour la gloire, et qu'un sordide gain   125
Ne soit jamais l'objet d'un illustre écrivain.
Je sais qu'un noble esprit peut sans honte et sans crime
Tirer de son travail un tribut légitime [1];
Mais je ne puis souffrir ces auteurs renommés
Qui, dégoûtés de gloire et d'argent affamés,   130
Mettent leur Apollon aux gages d'un libraire
Et font d'un art divin un métier mercenaire.
    Avant que la raison, s'expliquant par la voix,
Eût instruit les humains, eût enseigné des lois,
Tous les hommes suivaient la grossière nature,   135
Dispersés dans les bois couraient à la pâture;
La force tenait lieu de droit et d'équité;
Le meurtre s'exerçait avec impunité.
Mais du discours enfin l'harmonieuse adresse
De ces sauvages mœurs adoucit la rudesse,   140
Rassembla les humains dans les forêts épars,
Enferma les cités de murs et de remparts;
De l'aspect du supplice effraya l'insolence
Et sous l'appui des lois mit la faible innocence.
Cet ordre fut, dit-on, le fruit des premiers vers.   145
De là sont nés ces bruits reçus dans l'univers,
Qu'aux accents dont Orphée emplit les monts de Thrace,
Les tigres amollis dépouillaient leur audace;
Qu'aux accords d'Amphion les pierres se mouvaient
Et sur les murs thébains en ordre s'élevaient.   150
L'harmonie en naissant produisit ces miracles.

1. Cette restriction est faite, on le sait, à l'intention de Racine, qui tirait quelque profit de ses œuvres dramatiques. Les vers qui suivent seraient une dureté et une injustice, s'ils étaient, comme on l'a cru, dirigés contre Corneille. Ce grand poëte n'aimait pas l'argent ; mais il en avait besoin, et l'emploi qu'il en faisait au profit d'une famille nombreuse devait écarter loin de ce noble vieillard de pareils reproches. Cependant si l'on en croit le *Segraisiana*, les comédiens se plaignaient que « les pièces de M. Corneille leur coûtassent bien de l'argent » ; mais ce n'était que par comparaison, et par regret du bon temps où ils payaient les pièces *trois écus*, ou même ne les payaient pas du tout, quand l'auteur était encore peu connu. Depuis Corneille, ce *tribut légitime* s'éleva à un taux plus convenable, mais qui semblera bien faible, si l'on tient compte de sa gloire et si on le compare au profit que tirent de leurs pièces les auteurs modernes. On voit sur les registres de *Lagrange* que Corneille reçut deux mille livres pour *Attila* et pour *Bérénice*. Si ces pièces étaient peu dignes de sa réputation ; il est probable pourtant que, payé en raison de sa gloire acquise, il leur dut une rétribution plus forte que celle qu'il avait reçue pour des chefs-d'œuvre. On sait de plus la somme que Racine reçut pour sa troisième pièce, *Andromaque :* — deux cents livres.

Depuis, le ciel en vers fit parler les oracles;
Du sein d'un prêtre ému d'une divine horreur
Apollon par des vers exhala sa fureur [1].
Bientôt, ressuscitant les héros des vieux âges,   155
Homère aux grands exploits anima les courages.
Hésiode à son tour, par d'utiles leçons,
Des champs trop paresseux vint hâter les moissons [2].
En mille écrits fameux la sagesse tracée
Fut, à l'aide des vers, aux mortels annoncée;   160
Et partout des esprits ses préceptes vainqueurs,
Introduits par l'oreille, entrèrent dans les cœurs [3].
Pour tant d'heureux bienfaits les muses révérées
Furent d'un juste encens dans la Grèce honorées:
Et leur art, attirant le culte des mortels,   165
A sa gloire en cent lieux vit dresser des autels.

1. On peut voir ici le germe de la belle strophe de J. B. Rousseau,
Ode au comte du Luc :

> Ou tel que d'Apollon le ministre terrible,
> Impatient du Dieu dont le souffle invincible
>   Agite tous ses sens,
> Le regard furieux, la tête échevelée
> Du temple fait mugir la demeure ébranlée
>   Par ses cris impuissants.

    Outre son poëme *des Travaux et des Jours*, auquel Boileau fait
ici allusion, Hésiode a composé une *Théogonie.* Il n'est pas certain
qu'Hésiode soit postérieur à Homère; on les croit contemporains, et
on place leur existence au x⁰ siècle avant l'ère chrétienne.

3. Tout ce morceau, depuis le vers 133, est imité d'Horace, *Art
poétique*, vers 391 :

> Sylvestres homines sacer interpresque Deorum
> Cædibus et victu fœdo deterruit Orpheus,
> Dictus ob hoc lenire tigres rabidosque leones;
> Dictus et Amphion Thebanæ conditor arcis
> Saxa movere sono testudinis, et prece blanda
> Ducere quo vellet. Fuit hæc sapientia quondam,
> Publica privatis secernere, sacra profanis;
> Concubitu prohibere vago; dare jura maritis;
> Oppida moliri; leges incidere ligno.
> Sic honor et nomen divinis vatibus atque
> Carminibus venit. Post hos insignis Homerus,
> Tyrtæusque mares animos in Martia bella
> Versibus exacuit. Dictæ per carmina sortes,
> Et vitæ monstrata via est, et gratia regum
> Pieriis tentata modis, ludusque repertus,
> Et longorum operum finis: Ne forte pudori
> Sit tibi Musa lyræ solers, et cantor Apollo.

Horace conclut en disant qu'il ne faut pas rougir de la muse, puisqu'elle conduit à la faveur des rois. Boileau exprime un sentiment
plus élevé; il veut qu'on se souvienne du berceau et des premiers
bienfaits de la poésie, pour la maintenir dans la voie où elle a mérité
la reconnaissance du genre humain.

Mais enfin, l'indigence amenant la bassesse[1],
Le Parnasse oublia sa première noblesse.
Un vil amour du gain infectant les esprits,
De mensonges grossiers souilla tous les écrits,   170
Et partout, enfantant mille ouvrages frivoles,
Trafiqua du discours et vendit les paroles.
   Ne vous flétrissez point par un vice si bas.
Si l'or seul a pour vous d'invincibles appas,
Fuyez ces lieux charmants qu'arrose le Permesse,   175
Ce n'est point sur ses bords qu'habite la richesse,
Aux plus savants auteurs comme aux plus grands guerriers
Apollon ne promet qu'un nom et des lauriers.
   Mais quoi! dans la disette une muse affamée
Ne peut pas, dira-t-on, subsister de fumée;   180
Un auteur qui, pressé d'un besoin importun,
Le soir entend crier ses entrailles à jeun,
Goûte peu d'Hélicon les douces promenades :
Horace a bu son soûl quand il voit les Ménades[2];
Et libre du souci qui trouble Colletet,   185
N'attend pas pour dîner le succès d'un sonnet,
   Il est vrai : mais enfin cette affreuse disgrâce
Rarement parmi nous afflige le Parnasse,
Et que craindre en ce siècle, où toujours les beaux-arts
D'un astre favorable éprouvent les regards?   190
Où d'un prince éclairé la sage prévoyance
Fait partout au mérite ignorer l'indigence[3]?
   Muses, dictez sa gloire à tous vos nourrissons :
Son nom vaut mieux pour eux que toutes vos leçons.

---

1. Juvénal a dit dans le même sens:

> Magnis virtutibus obstat
> Res angusta domi.

2. Boileau aurait dû s'arrêter là; que signifient *Colletet* et le *sonnet*, qui rime à Colletet à propos d'Horace? Cette raillerie n'est pas généreuse ; ce pauvre François Colletet était bien assez malheureux de n'être pas assuré de dîner tous les jours. D'ailleurs, il y a récidive (voyez satire I, vers 77). Le père de François, Guillaume Colletet, avait mieux réussi ; il fut de l'Académie française, et il eut bonne part aux largesses de Richelieu. — Ce passage est imité de Juvénal, satire VII, vers 59 :

> Neque enim cantare sub antro
> Pierio, thyrsumve potest contingere sana
> Paupertas, atque æris inops, quo nocte dieque
> Corpus eget. Satur est, cum dicit Horatius Evoe!

3. Notre auteur en parle à son aise. Malgré la générosité de Louis XIV, Corneille faisait maigre chère, et la Fontaine, qui n'était point partie prenante à la cassette du roi, était hébergé et nourri par ses amis.

Que Corneille, pour lui rallumant son audace,   195
Soit encor le Corneille et du Cid et d'Horace [1] ;
Que Racine, enfantant des miracles nouveaux.
De ses héros sur lui forme tous les tableaux [2] ;
Que de son nom, chanté par la bouche des belles,
Benserade en tous lieux amuse les ruelles ;   200
Que Segrais dans l'églogue en charme les forêts;
Que pour lui l'épigramme aiguise tous ses traits [3] ;
Mais quel heureux auteur, dans une autre Énéide,
Aux bords du Rhin tremblant conduira cet Alcide?
Quelle savante lyre au bruit de ses exploits   205
Fera marcher encor les rochers et les bois;
Chantera le Batave, éperdu dans l'orage,
Soi-même se noyant pour sortir du naufrage;
Dira les bataillons sous Mastricht enterrés,
Dans ces affreux assauts du soleil éclairés?   210
     Mais tandis que je parle, une gloire nouvelle
Vers ce vainqueur rapide aux Alpes vous appelle.
Déjà Dôle et Salins sous le joug ont ployé;
Besançon fume encor sur son roc foudroyé.
Où sont ces grands guerriers dont les fatales ligues   215
Devaient à ce torrent opposer tant de digues?
Est-ce encore en fuyant qu'ils pensent l'arrêter,
Fiers du honteux honneur d'avoir su l'éviter [4]?
Que de remparts détruits! que de villes forcées!
Que de moissons de gloire en courant amassées !   220

---

1. Corneille prétendait bien n'avoir pas dégénéré, car il disait deux
ans plus tard (1676) :

          Othon et Surena
Ne sont point des cadets indignes de Cinna.

2. On a remarqué que ce vers, contre l'intention de Boileau, pouvait passer pour une critique : car les héros de Racine ressemblent
parfois un peu plus à Louis XIV qu'à leurs antiques modèles. Sa supériorité est surtout dans ses rôles de femmes, et c'est là qu'éclatent
la variété et la force de son génie.

3. On ne s'attendait guère à voir l'épigramme figurer dans cette
énumération. Que peuvent, en effet, en faveur du roi, les traits les
mieux aiguisés? Mais il fallait convier tous les genres à cette fête.
On peut croire en outre que Boileau prenait ici le mot *épigramme*
dans le sens antique du mot, inscription, petite pièce, qui n'avait
pas toujours un caractère satirique.

4. Le poëte fait allusion au même événement dans *le Lutrin*,
chant IV, vers 152 :

     Et le Batave encore est prêt à se noyer.

Horace, livre IV, ode IV, vers 51 :

          Quos opimus
Fallere et effugere est triumphus.

Auteurs, pour les chanter redoublez vos transports
Le sujet ne veut pas de vulgaires efforts.
    Pour moi qui, jusqu'ici nourri dans la satire,
N'ose encor manier la trompette et la lyre,
Vous me verrez pourtant, dans ce champ glorieux,   225
Vous animer du moins de la voix et des yeux ;
Vous offrir ces leçons que ma muse au Parnasse
Rapporta, jeune encor, du commerce d'Horace ;
Seconder votre ardeur, échauffer vos esprits,
Et vous montrer de loin la couronne et le prix.   230
Mais aussi pardonnez, si, plein de ce beau zèle,
De tous vos pas fameux observateur fidèle,
Quelquefois du bon or je sépare le faux[1],
Et des auteurs grossiers j'attaque les défauts,
Censeur un peu fâcheux, mais souvent nécessaire,   235
Plus enclin à blâmer que savant à bien faire[2].

---

1. Comme la pierre de touche dont se servent les essayeurs de métaux pour en déterminer le titre.

2. Imitation éloignée d'Horace, se comparant à la pierre à aiguiser, qui, sans pouvoir couper elle-même, affile le tranchant du fer et de l'acier :

Fungar vice cotis, acutum
Reddere quæ ferrum valet, exsors ipsa secandi.

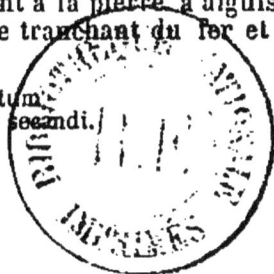

PARIS. — IMPRIMERIE ÉMILE MARTINET, RUE MIGNON, 2

NOUVELLE COLLECTION

DE

CLASSIQUES

Format petit in-16

PUBLIÉE AVEC DES NOTICES, DES ARGUMENTS

ANALYTIQUES ET DES NOTES EN FRANÇAIS

(*Les noms des annotateurs sont indiqués entre parenthèses*).

Ces éditions se recommandent par la pureté du texte, la concision des notes, la commodité du format et l'élégance du cartonnage.

CLASSIQUES FRANÇAIS

BOILEAU : *Œuvres poétiques* (Geruzez).	1 fr. 50 c.	
BOSSUET : *Sermons choisis* (Rébelliau).	»	»
BUFFON : *Morceaux choisis* (E. Dupré).	1 fr. 50 c.	
— *Discours sur le style.*	» 30 c.	
FÉNELON : *Fables* (Ad. Regnier).	» 75 c.	
Sermon pour la fête de l'Epiphanie (G. Merlet).	» 60 c.	
— *Télémaque* (A. Chassang)	1 fr. 80 c.	
FLORIAN : *Fables* (Geruzez)	» 75 c.	
JOINVILLE : *Histoire de saint Louis* (Natalis de Wailly).	» »	
LA FONTAINE : *Fables* (E. Geruzez).	1 fr. 50 c.	
LAMARTINE : *Morceaux choisis.*	2 fr. »	
MOLIERE : *L'Avare* (Lavigne).	» 75 c.	
— *Tartuffe* (Lavigne).	» 75 c.	
MONTAIGNE : *Extraits* (Guillaume Guizot). . .	» »	
RACINE : *Andromaque* (Lavigne).	» 75 c.	
— *Les Plaideurs* (Lavigne)	» 75 c.	
SÉVIGNÉ : *Lettres choisies* (Ad. Regnier).	1 fr. 50 c.	
THÉATRE CLASSIQUE (Ad. Regnier).	2 fr. »	

D'autres auteurs sont en préparation

PARIS. — IMP. E. MARTINET

www.ingramcontent.com/pod-product-compliance
Lightning Source LLC
LaVergne TN
LVHW022116080426
835511LV00007B/852